[Wissen für die Praxis]

Weiterführend empfehlen wir:

Das Asylverfahren nach dem neuen Asylgesetz
ISBN 978-3-8029-7650-6

Aufenthaltsrecht und Sozialleistungen für Geflüchtete
ISBN 978-3-8029-7652-0

Wegweiser Rechtsänderungen im Ausländerrecht
ISBN 978-3-8029-1325-9

Drittstaatsangehörige: Familiennachzug - Bleiberechte
ISBN 978-3-8029-1892-6

Arbeitsmarktzugang für Ausländer
ISBN 978-3-8029-7547-9

Ausländerrecht, Migrations- und Flüchtlingsrecht
ISBN 978-3-8029-2040-0

Hocks · Leuschner

Unbegleitete minderjährige Flüchtlinge

Vertretung, Asylverfahren, Aufenthalt
Ein Leitfaden für die Praxis

WALHALLA

Bibliografische Information der Deutschen Nationalbibliothek
Die Deutsche Nationalbibliothek verzeichnet diese Publikation in der Deutschen Nationalbibliografie; detaillierte bibliografische Daten sind im Internet über http://dnb.dnb.de abrufbar.

Zitiervorschlag:
Stephan Hocks/Jonathan Leuschner, Unbegleitete minderjährige Flüchtlinge
Walhalla Fachverlag, Regensburg 2017

Hinweis: Unsere Werke sind stets bemüht, Sie nach bestem Wissen zu informieren.
Alle Angaben in diesem Buch sind sorgfältig zusammengetragen und geprüft. Durch Neuerungen in der Gesetzgebung, Rechtsprechung sowie durch den Zeitablauf ergeben sich zwangsläufig Änderungen. Bitte haben Sie deshalb Verständnis dafür, dass wir für die Vollständigkeit und Richtigkeit des Inhalts keine Haftung übernehmen.
Bearbeitungsstand: März 2017

1. Auflage

Produktion: Walhalla Fachverlag, 93042 Regensburg
Printed in Germany
ISBN 978-3-8029-7651-3

Schnellübersicht

Gesamtinhalt

Vorwort

Im Jahr 2015 sind rund 60.000 Minderjährige unbegleitet als Flüchtlinge in die Bundesrepublik gekommen, 2016 waren es im ersten Halbjahr etwa 18.000, die von den Jugendämtern in Obhut genommen worden sind. Auch wenn die Zahlen für die Zukunft wieder niedriger liegen werden, bleiben die Versorgung und die rechtliche Beratung und Betreuung von ausländischen unbegleiteten Minderjährigen in Deutschland eine wichtige und große gesellschaftliche Aufgabe.

Diese Aufgabe betrifft mittlerweile auch alle Kommunen, seit mit dem neuen Gesetz über die Unterbringung ausländischer Kinder und Jugendlicher aus dem Herbst 2015 eine bundesweite Verteilung der unbegleiteten Minderjährigen stattfindet. Für die dort mit den Jugendlichen befassten Kommunen ist diese Aufgabe durchaus neu, und sie ist auch nicht zu unterschätzen.

Dass Jugendliche, die von ihren Eltern getrennt – allein oder in Gruppen – aus Afrika, Teilen Asiens oder aus den Krisengebieten im Nahen Osten oder dem Westbalkan nach Deutschland kommen, besonders schutzbedürftig sind, bedarf keiner Erklärung. Diese Jugendlichen und Kinder haben nicht nur das fluchtauslösende Schicksal zu verarbeiten, sondern auch die Folgen und Begleiterscheinungen der Flucht selbst, die häufig mit vielen belastenden Erlebnissen (wie Gewalt, Verheerungen und Angst) verbunden ist. Auch die Sorge um die zurückgebliebene Familie und die eigene Zukunft wirkt sich belastend aus. Die Bundesregierung sprach im Zuge des neuen Gesetzes 2015, das die bundesweite Verteilung der unbegleiteten minderjährigen Ausländer einführte, von der „schutzbedürftigsten Personengruppe überhaupt“ (BT-Drs. 18/5564 v. 15.7.2015, S. 8). Und aus dem Bundesministerium für Familie, Senioren, Frauen und Jugend (BMFSFJ) hieß es dazu im Gesetzgebungsverfahren (vgl. BR-Drs. 349/15 v. 14.08.2015, S. 1): „Es sind junge Menschen, die häufig Schreckliches erlebt haben und möglicherweise physisch und psychisch stark belastet oder hochtraumatisiert sind. Sie kommen allein in einem fremden Land an, sprechen die Landessprache nicht und kennen die Kultur nicht, müssen sich aber dort vollkommen auf sich gestellt zurechtfinden.“ Aus diesem Grunde müssten sie in Deutschland „mit allen ihren Belastungen, schmerzhaften Erfahrungen und Ängsten aufgefangen werden, aber auch die Möglichkeit erhalten, durch Zugänge zu Angeboten formaler und non-formaler Bildung ihre Potentiale zu entfalten und sich in die Gesellschaft einzubringen."

Die Integration und Versorgung sind nur ein Teil der Aufgaben, die den Betreuern und Beratern obliegen. Hinzu kommt die Frage der Aufenthaltsperspektive, die für jeden Minderjährigen individuell zu ermitteln und gegenüber verschiedenen Behörden geltend zu machen ist. Dabei spielt nicht nur das sogenannte Asylverfahren eine Rolle (das so eigentlich gar nicht mehr heißen dürfte, weil nicht mehr allein das Asyl, sondern der praktisch sehr viel bedeutsamere Flüchtlingsstatus oder subsidiäre Status im Zentrum steht), sondern auch andere Wege der Aufenthaltssicherung. Vielfach, und das ist die gute Nachricht, die der Gesetzgeber mit dem neuen Integrationsgesetz 2016 verkündet hat, führen nämlich berufliche Qualifikationen selbst zu Aufenthaltsrechten.

Wie sich diese Chancen außerhalb des klassischen Asylverfahrens gestalten, hängt vom Einzelfall und den beteiligten Behörden ab. Die Autoren wollen in dieser Darstellung beide Wege der Aufenthaltssicherung beschreiben und damit Anregung, Rat und Hilfe für diejenigen geben, die beruflich oder ehrenamtlich mit der Begleitung von unbegleiteten Minderjährigen und jungen Erwachsenen befasst sind.

Die Verfasser legen außerdem Wert auf die Feststellung, dass mit der Bezugnahme auf das grammatikalische Geschlecht keine Aussage über das natürliche Geschlecht der Akteure – und eben der Akteurinnen – getroffen wurde.

Schließlich danken wir unserem gemeinsamen Kollegen in der Kanzlei, Herrn Rechtsanwalt Dominik Bender, für viele anregende Diskussionen und Hinweise, die wesentlich zu der Form beigetragen haben, in der diese Darstellung heute vorliegt.

Frankfurt am Main, im März 2017

Stephan Hocks *Jonathan Leuschner*

Abkürzungsverzeichnis

a. F.	alte Fassung
Abs.	Absatz
Alt.	Alternative
Art.	Artikel
AsylG	Asylgesetz
AufenthG	Aufenthaltsgesetz
AufenthV	Aufenthaltsverordnung
Az.	Aktenzeichen
BAMF	Bundesamt für Migration und Flüchtlinge, Nürnberg
BGB	Bürgerliches Gesetzbuch
BGH	Bundesgerichtshof, Karlsruhe
BMFSFJ	Bundesministerium für Familie, Senioren, Frauen und Jugend
BT-Drs.	Bundestags-Drucksache
BÜMA	Bescheinigung über die Meldung als Asylsuchender
BVerfGE	Bundesverfassungsgericht, Karlsruhe
BVerwG	Bundesverwaltungsgericht, Leipzig
bzw.	beziehungsweise
Dublin-VO	siehe Dublin-III-VO
Dublin-III-VO	auch Dublin-VO, Verordnung (EU) Nr. 604/2013 des Europäischen Parlaments und des Rates vom 26.06.2013, Regelung der europäischen Zuständigkeit für Asylverfahren
ED-Behandlung	erkennungsdienstliche Behandlung
EGMR	Europäischer Gerichtshof für Menschenrechte, Straßburg
EMRK	Europäische Menschenrechtskonvention
EU	Europäische Union
EuGH	Europäischer Gerichtshof, Luxemburg
EURODAC	European Dactyloscopy, europäische Datenbank zur Erfassung der Daten (Fingerabdrücke) von Asylsuchenden in Europa
fdGO	Freiheitliche demokratische Grundordnung
ff.	fortfolgende
FGM	female genital mutilation
GEAS	Gemeinsames Europäisches Asylsystem
GG	Grundgesetz für die Bundesrepublik Deutschland
ggf.	gegebenenfalls
GÜB	Grenzübertrittsbescheinigung
i. V. m.	in Verbindung mit
IHK	Industrie- und Handelskammer

IOM	International Organization for Migration
JAmt	Zeitschrift Das Jugendamt
Jg.	Jahrgang
KRK	UN-Kinderrechtskonvention
KSÜ	Haager Kinderschutzübereinkommen
lit.	Buchstabe
MILo	Migrations-Info-Logistik, Dokumentationssystem zum Thema Asyl beim BAMF, auch für Dritte zugänglich
NGO	Nichtregierungsorganisation (non-governmental organization)
Nr.	Nummer
o. Ä.	oder Ähnliches
OLG	Oberlandesgericht
QRL	Qualifikationsrichtlinie, Richtlinie 2011/95/EU des Europäischen Parlaments und des Rates vom 13.11.2011, über Mindeststandards zur Anerkennung von Flüchtlingen und subsidiär Schutzberechtigten
OU	Ablehnung eines Asylantrags als „offensichtlich unbegründet"
S.	Seite
SGB I	Sozialgesetzbuch (SGB) Erstes Buch (I) – Allgemeiner Teil – (SGB I)
SGB VIII	Sozialgesetzbuch (SGB) Achtes Buch (VIII) – Kinder- und Jugendhilfe – (SGB VIII)
SGB X	Zehntes Buch Sozialgesetzbuch – Sozialverwaltungsverfahren und Sozialdatenschtz (SGB X)
SGG	Sozialgerichtsgesetz
u. a.	unter anderem
UMA/UMF	unbegleiteter minderjähriger Ausländer/unbegleiteter minderjähriger Flüchtling
UNHCR	Flüchtlingshilfswerk der Vereinten Nationen (UN High Commissioner for Refugees)
Unterabs.	Unterabsatz
VG	Verwaltungsgericht
VwGO	Verwaltungsgerichtsordnung
z. B.	zum Beispiel
ZPO	Zivilprozessordnung

I. Was ist ein unbegleiteter minderjähriger Flüchtling (UMF)/ unbegleiteter minderjähriger Ausländer (UMA)?

I

1. Begrifflichkeit

Ein UMF ist ein unbegleiteter minderjähriger Flüchtling, UMA ein unbegleiteter minderjähriger Ausländer. Bis in die Mitte des Jahres 2015 hinein war der Begriff „UMF" der allein gebräuchliche Ausdruck, seitdem sprechen viele unter den Betreuern auch von „UMA". Das Gesetz ist dagegen sehr viel blasser, es erwähnt nur den „unbegleiteten Minderjährigen", aus dem Kontext wird ersichtlich, dass es sich um einen Ausländer oder – wie im Falle der EU-Regelungen zum Asylrecht – um einen Asylantragsteller handelt. Damit ist die Frage, welche Ausdrucksweise in der Praxis den Vorzug hat, eine eher persönliche. Mit dem Verweis auf Minderjährigkeit und Unbegleitet-Sein kommen wesentliche Aspekte der Schutzbedürftigkeit bereits zum Ausdruck. Will man, wie es die Autoren dieses Buches tun, aber den Umstand der Flucht und die damit einhergehenden Leiden von unfreiwilliger Trennung betonen, dann würde man den Ausdruck „UMF" benutzen.

2. Maßgebliches Recht bei der Kollision mit ausländischen Regelungen

Das Recht, das über Geschäftsfähigkeit, Sorgerecht, Vormundschaft und andere Beziehungen zwischen dem Minderjährigen und seinen Eltern oder gesetzlichen Vertretern entscheidet, ist das sogenannte Bürgerliche Recht oder Privatrecht. Für Deutschland ist es im BGB geregelt, dem Bürgerlichen Gesetzbuch. Wenn eine Person eine ausländische Staatsangehörigkeit hat, ist aber nicht selbstverständlich, dass dann auch das BGB zur Anwendung kommt, nur weil diese Person sich in Deutschland aufhält. Hier können ebenso internationale Vorschriften gelten oder sogar das entsprechende Recht des Heimatstaates eines Ausländers, das mitunter ganz andere Lösungen zur Folge hat. Das Rechtsgebiet, das sich diesen Fragen widmet, ist das internationale Privatrecht – und wenn es um Familienrecht geht, das internationale Familienrecht. Das klingt kompliziert; für die meisten Fälle – und immer, wenn es um die Anordnung einer Vormundschaft geht – kommt es dann aber doch zur Anwendung des uns vertrauten BGB, weil das von Regeln des internationalen Privatrechts so bestimmt wird. Allerdings muss das in jedem Fall eigens überprüft werden.

3. Gesetzliche Umschreibung des minderjährigen unbegleiteten Ausländers/Flüchtlings

Nach der EU-Qualifikationsrichtlinie (Richtlinie 2011/95/EU) ist ein UMF ein minderjähriger Drittstaatsangehöriger, der ohne Begleitung eines für ihn nach dem Recht des jeweiligen EU-Staates verantwortlichen Erwachsenen einreist, solange er sich nicht tatsächlich in der Obhut eines solchen Erwachsenen befindet. Hierzu gehören auch Minderjährige, die später von ihren verantwortlichen Erwachsenen in dem betreffenden Mitgliedstaat zurückgelassen werden. Diese Definition findet sich auch so in der Dublin-III-VO und sie gilt für das gesamte europäische und deutsche Aufenthalts- und Flüchtlingsrecht.

3.1 Minderjährigkeit

Für die Frage der Minderjährigkeit sind die §§ 12 Abs. 1 AsylG und 80 Abs. 1 AufenthG heranzuziehen. Aus ihnen ergibt sich, dass nun 18 Jahre hierfür die entscheidende Altersgrenze ist. Erst dann ist ein junger Mensch verfahrensrechtlich mündig, um für sich gegenüber der Ausländerbehörde oder dem Bundesamt für Migration wirksam zu handeln.

Das war bis zum Herbst 2015 unter der Geltung des alten Rechts anders, damals konnten auch Jugendliche im Alter von 16 oder 17 Jahren ihren Asylantrag selbst stellen oder bei der Ausländerbehörde eine Aufenthaltserlaubnis beantragen. Zur Folge hatte dies auch, dass ihnen gegenüber auch eine ablehnende Entscheidung wirksam bekannt gegeben werden konnte. Sie musste keinem gesetzlichen Vertreter zugestellt werden. Das hatte damals für viel Kritik gesorgt, weil der Schutzgedanke, der hinter der Idee einer erst nach einem bestimmten Alter eintretenden Verfahrensfähigkeit steht, gerade für die ausländischen Jugendlichen nicht gelten sollte. Diese Schutzgrenze von 18 Jahren – das machen §§ 12 Abs. 2 AsylG und 80 Abs. 3 AufenthG deutlich – gelten unabhängig von dem Heimatrecht des jungen Menschen und davon, ob ihm dort bereits zu einem früheren Zeitpunkt Geschäftsfähigkeit zukommt. Alles was zu beachten ist, ist, dass der junge Mensch noch nicht 18 Jahre alt ist. Auf die Frage, wie dieses Alter rechtswirksam festgestellt werden kann, wird unten in Kapitel III eingegangen.

I

Beispiel:

Reist ein 17-Jähriger etwa aus Tadschikistan, einem Staat, der die Volljährigkeit von jungen Menschen schon mit 17 Jahren kennt, in die Bundesrepublik, ist er für die Frage, ob er selbst einen Asylantrag stellen kann, als handlungsunfähig anzusehen. Das ergibt sich aus § 12 AsylG. Er ist ein UMF und benötigt für die Asylantragstellung oder den Kontakt mit der Ausländerbehörde einen Vormund. Auf der anderen Seite kann er aber wirtschaftlich handeln wie ein Erwachsener. Von dem Umstand seiner Asylunmündigkeit unabhängig ist der junge Tadschike mit 17 Jahren nämlich geschäftsfähig, mithin rechtlich in der Lage, sich selbst vertraglich zu binden und etwa Bürgschaften zu erteilen, Grundstücke zu kaufen oder eine Firma zu gründen, alles Handlungen, die ein deutscher 17-Jähriger nicht ohne Eltern oder Vormund durchführen könnte.

An diesem Beispiel zeigt sich, dass für die Frage, ob ein Jugendlicher verfahrensrechtlich mündig ist, immer die 18-Jahre-Grenze heranzuziehen ist, auch wenn das Heimatrecht für die Volljährigkeit möglicherweise eine andere Regelung trifft. Das gilt natürlich auch umgekehrt. Stammt ein junger Mensch aus einem Land, in dem man erst mit 21 Jahren volljährig ist, darf der 18-Jährige in Deutschland seinen Asylantrag selbst stellen. Nur für die Rechtsgeschäfte (z. B. den Grundstückskauf oder die Erteilung einer Bürgschaft) ist er noch nicht mündig und baucht hierfür einen Vormund.

Diese Betrachtungsweise ändert sich aber mit einer Flüchtlingsanerkennung, denn dann gilt auch für einen Ausländer das deutsche Personalstatut.

3.2 Drittstaatsangehöriger

Wenn in diesem Buch von minderjährigen Ausländern oder Flüchtlingen die Rede ist, dann sind damit nur sogenannte Drittstaatsangehörige gemeint. Drittstaatsangehörige sind alle Menschen, die keine Deutschen oder sonst EU-Staatsangehörige sind oder die sonst eine gleichgeartete Freizügigkeit in der Bundesrepublik genießen. Letzteres erfasst Personen aus der Schweiz, Norwegen, Island oder Liechtenstein. Nur Minderjährige aus allen anderen Ländern der Welt – und auch Staatenlose – kommen daher als UMF in Frage.

Beispiel:

A und B, zwei französische Teenager, sind von zu Hause ausgerissen und werden am Frankfurter Hauptbahnhof aufgegriffen. Sie sind keine unbegleiteten minderjährigen Ausländer, weil ihnen die Eigenschaft als Drittstaatsangehörige fehlt.

I

3.3 Unbegleitet

Das vielleicht schwierigste Merkmal bei der Begriffsbestimmung begegnet in der Frage, ob der Minderjährige unbegleitet ist. Dieser Umstand macht ja auch das besondere Schicksal aus, nämlich allein und auf sich gestellt zu sein.

Aus der Qualifikationsrichtlinie ist zu entnehmen, dass auf die Anwesenheit eines verantwortlichen Erwachsenen abgestellt wird, der sich im Bundesgebiet befinden muss. Daraus ergibt sich, dass z. B. ein Minderjähriger, dessen Eltern sich in einem anderen Staat der EU aufhalten, unter die Definition des Unbegleitet-Seins fallen kann. Wessen Eltern sich lediglich in einer anderen Stadt in Deutschland aufhalten, gilt nicht als UMF.

Bei der weiteren Frage, was unter einem „verantwortlichen Erwachsenen" zu verstehen ist, sind die familienrechtlichen Regelungen über Sorgerecht und Erziehungsberechtigung heranzuziehen – und zwar die, wie es in der Richtlinie ausdrücklich heißt, des Inlands.

Bei der Frage, ob ein Minderjähriger begleitet ist, gilt also das deutsche Familienrecht, nicht das ausländische. In der Regel haben in Deutschland die Eltern das Sorgerecht (§ 1626 BGB). Ist nur ein Elternteil mit dem Minderjährigen eingereist, kann die Betrachtung aber schon schwieriger werden, weil z. B. der Vater eines mit der Kindsmutter nicht verheirateten Kindes auch nach aktueller deutscher Gesetzeslage kein Sorgerecht innehat. Der Vater hat dann die Möglichkeit, das Sorgerecht durch Gerichtsbeschluss zu erhalten, was aus Gründen des Kindeswohls von den Familiengerichten auch regelmäßig so angeordnet wird. Übergangsweise hilft hier auch § 12 Abs. 3 AsylG, der auch dem alleinanwesenden Elternteil unabhängig vom Sorgerecht die Befugnis zur Vertretung im Asylverfahren zuweist. Hat der Vater das Sorgerecht durch das Gericht erhalten, ist sein Kind auch kein UMF mehr.

Onkel und Tante oder volljährige Geschwister sind nach deutschem Familienrecht nicht sorgeberechtigt. Reist ein Minderjähriger nur mit diesen Verwandten ein, ist er ein UMF.

Verzwickter sind dann aber die – freilich nicht sehr häufig auftretenden – Fälle einer Erziehungsvollmacht. Davon ist die Rede, wenn etwa ein Onkel oder eine Tante eines Minderjährigen eine Generalvollmacht der Eltern aus dem Herkunftsland vorweist, die dem Verwandten alle (oder bestimmte) Befugnisse im Zusammenhang mit Sorge und Erziehung überträgt. Solche Vollmachten sind durchaus wirksam. Das ergibt sich aus § 7 Abs. 1 Nr. 6 SGB VIII. Eine Übertragung des Sorgerechts ist – von gerichtlichen Verfügungen abgesehen – nicht möglich, aber Teile von ihr, etwa die Berechtigung, Erziehungsmaßnahmen vorzunehmen, lassen sich durchaus von den Eltern auf andere delegieren. Eine bestimmte Form (etwa die Erklärung vor einem Notar oder Gericht) ist hierfür nicht vorgeschrieben. Hier muss das Jugendamt allerdings genau prüfen, wer die Vollmacht ausgestellt hat und für welche Fälle sie gelten soll. Alles das hat das Jugendamt nach dem Untersuchungsgrundsatz (§ 20 SGB X) selbstständig und vollumfänglich aufzuklären. In der Praxis werden solche Vollmachten aber wohl oft daran scheitern, dass die Urheberschaft der Eltern nicht aufgeklärt ist, was daran liegen kann, dass Zweifel über die Person des Ausstellers oder über seine Eigenschaft als personensorgeberechtigter Elternteil bestehen bleiben.

Ein in der Praxis noch seltener Fall, der aber immer dann, wenn er auftritt, auch jenseits des Fachpublikums zur Diskussion anregt, ist der, wenn z. B. ein noch im Kindesalter befindliches Mädchen mit ihrem volljährigen Ehemann einreist, mit dem sie im Herkunftsland nach den dort gültigen Regelungen die Ehe geschlossen hat. Da bei ausländischen Staatsangehörigen das jeweilige Heimatrecht gilt, wenn es um die dort geschlossene Ehe geht, ist diese Ehe grundsätzlich auch in Deutschland anzuerkennen, auch wenn sie so nach deutschem Recht nicht hätte geschlossen werden können.

Hier gibt es aber Grenzen: Es ist im internationalen Recht anerkannt, dass einem ausländischen Rechtsakt dann die Wirksamkeit zu versagen ist, wenn er der inländischen Grundrechtsordnung deutlich widerspricht. Das ist dann im Einzelfall bei diesen sogenannten Kinderehen zu prüfen. Hier muss beachtet werden, dass auch im deutschen Recht die Eheschließung eines Minderjährigen zulässig ist, wenn das Familiengericht zustimmt. Der Minderjährige muss aber mindestens 16 Jahre alt sein (§ 1303 BGB).

In einem vielbeachteten Gerichtsbeschluss hat das OLG Bamberg im Mai 2016 entschieden, dass die im Alter von unter 14 Jahren geschlossene Ehe eines syrischen Mädchens für deutsche Behörden und Gerichte im Einzelfall wirksam sein kann und nicht gegen die Wertordnung verstößt. Dabei hat das Gericht allerdings die Partnerbeziehung berücksichtigt, nämlich dass diese sich trotz der Widrigkeiten der Flucht als stabil erwiesen habe.

In Reaktion auf diese Rechtsprechung und die öffentliche Diskussion hat die Bundesregierung im Februar 2017 einen Gesetzentwurf vorgelegt, der diesen Ehen grundsätzlich die Anerkennung versagen will. Das gilt aber nur für die Ehen, die nach dem Inkrafttreten des Gesetzes geschlossen werden. Bei Altfällen bleibt es bei der individuellen Prüfung.

Eine wirksame Ehe des Minderjährigen hat aber nicht zur Folge, dass der volljährige Ehegatte die Stellung eines Sorgeberechtigten erhält. Das sollte zur Vermeidung von Missverständnissen ganz deutlich betont werden. Das bedeutet, dass auch die unverheiratete Minderjährige ein UMF sein kann, sofern sich keine Sorgeberechtigten im Inland aufhalten. Allerdings wirkt sich der Ehestatus eines Minderjährigen in der Weise aus, dass er bereits auf vielen Feldern des Lebens selbstständig handeln kann. Das gilt dann für alle Entscheidungen über die Führung der Ehe, etwa den Ort des Aufenthaltes. Das schränkt die Eltern – aber auch den Vormund – eines verheirateten Minderjährigen in seinem Sorgerecht ein. Nach § 1633 BGB beschränkt sich die Personensorge nämlich dann auf die Vertretung in persönlichen Angelegenheiten; mehr bleibt Eltern und Vormund nicht. Allerdings, für die Vertretung im Asylverfahren und gegenüber der Ausländerbehörde bleibt ein Vormund zuständig.

Wichtig: Auch der verheiratete Minderjährige, der ohne Eltern einreist, ist ein UMF. Der Vormund ist in seinem Sorgerecht aber eingeschränkt. Die asylrechtliche und aufenthaltsrechtliche Vertretung bleibt jedoch bei Eltern oder Vormund.

3.4 Zusammenfassung

Zusammenfassend gesagt, kommt es auf die folgenden drei Kennzeichen an, die einen UMF begründen:

- Minderjährigkeit: Alter unter 18 Jahren, Rechtslage des Herkunftsstaates spielt keine Rolle
- Drittstaatsangehörigkeit (das sind Staatenlose und solche Ausländer, die nicht aus der EU stammen oder nach dem EU-Recht freizügigkeitsberechtigt sind)
- Unbegleitet: ohne einen erwachsenen Verantwortlichen, der nach deutschem Recht sorge- oder erziehungsberechtigt ist

Da die UMF-Eigenschaft von einiger Bedeutung ist, sind hier einige Fälle genannt, die sich in der Praxis tatsächlich ergeben könnten. Hier einige Beispiele:

Der 15-jährige S aus Syrien reist mit seinem 19-jährigen Bruder ein; die Eltern leben nicht mehr.	S ist ein UMF.
A ist 19 Jahre alt und kommt aus Ägypten; dort wird man erst mit 21 Jahren volljährig.	A ist kein UMF, aber weil er noch nicht geschäftsfähig ist, benötigt er für Rechtsgeschäfte (z. B. Bankkonto, Verträge) einen Vormund.
Die 16-jährige Y aus dem Irak wird nur von ihrem Ehemann begleitet. Der Ehemann ist 30 Jahre alt.	Y ist ein UMF; ein Volljähriger ist nicht für seinen Ehegatten sorgeberechtigt; Y ist nach § 1633 BGB aber trotz ihrer Minderjährigkeit in einigen Teilen des Lebens selbst gestaltungsfähig. Im Asylverfahren kann sie aber nur durch ihren Vormund wirksam handeln.
X ist 15 Jahre alt und mit ihren Eltern eingereist; nach einigen Wochen wird den Eltern das Sorgerecht wegen schwerwiegender Kindeswohlgefährdung entzogen (§ 1666 BGB).	X ist ein UMF, da die Eltern kein Sorgerecht mehr haben.

4. Die wichtigsten Folgen aus der UMF-Eigenschaft

Die Eigenschaft als UMF führt für den Betroffen einige Privilegierungen im aufenthaltsrechtlichen Verfahren herbei, die an dieser Stelle schon einmal genannt werden sollen:

- Inobhutnahme durch das Jugendamt
- Leistungen der Jugendhilfe (nicht nach dem Asylbewerberleistungsgesetz)
- Bestellung eines gesetzlichen Vertreters
- Abschiebung ist nur dann erlaubt, wenn sich im Zielstaat aufnahmebereite sorgeberechtigte Personen oder bestimmte Institutionen befinden (§ 58 Abs. 1a AufenthG)
- im Falle eines Asylantrags: keine Wohnpflicht in der Erstaufnahmeeinrichtung
- günstigere Regelungen im sogenannten Dublin-Verfahren
- Anspruch auf besonderen Vertreter mit Fachkunde im asylrechtlichen Verfahren

II. Erster Kontakt mit deutschen Behörden

II

1. Ort des Aufgriffs

Der erste Kontakt des Minderjährigen mit deutschen Behörden kann an der Grenze zur Bundesrepublik oder aber erst im Inland erfolgen. Seitdem im Herbst 2015 die Grenzkontrollen in Süddeutschland wieder verstärkt aufgenommen wurden, ist die Wahrscheinlichkeit eines behördlichen Erstkontakts an der Grenze zwar gestiegen, nicht alle Minderjährigen gelangen aber über Routen mit Grenzposten in die Bundesrepublik, weshalb auch weiterhin das Aufgreifen im Inland, etwa an Bahnhöfen der städtischen Ballungszentren, alltäglich ist.

2. Registrierung

Im Rahmen des ersten Aufeinandertreffens des UMF mit Behördenvertretern kommt es in der Regel bereits zu einer (polizeilichen) Registrierung des Jugendlichen. Es ist daher nicht ungewöhnlich, wenn dieser über Dokumente verfügt, die eine solche Registrierung belegen oder wenn er im Erstgespräch davon berichtet, in Deutschland bereits Fingerabdrücke abgegeben zu haben.

Nicht selten kommt es bei der ersten Registrierung allerdings zu Fehlern bei der Namensschreibweise und/oder Verwechslungen bzw. kalendarischen Umrechnungsfehlern in Bezug auf das Geburtsdatum. Die sich aus einer frühen Registrierung ergebenden Daten sollten daher im Zuge der weiteren Betreuung des Jugendlichen unbedingt erneut mit diesem überprüft werden.

Vorsicht ist zudem geboten, wenn der Jugendliche gemeinsam mit Erwachsenen einreist, die nicht seine Eltern sind, etwa mit seinem volljährigen Bruder (siehe dazu oben bei der Frage, wer als UMF einzustufen ist). Hier kann es passieren, dass der Minderjährige in die BÜMA des Bruders eingetragen wird und die Beteiligten davon ausgehen, dass beide, also der Minderjährige und der Volljährige, ein Asylgesuch geäußert haben. Die damit in der Regel verbundene Hoffnung auf eine baldige Ladung beider Personen zur formalen Asylantragstellung durch das BAMF ist dann hinsichtlich des Minderjährigen unbegründet, da dieser wegen § 12 AsylG einen wirksamen Asylantrag gar nicht stellen und die Antragstellung auch nicht durch den Bruder erfolgen könnte. Die Eintragung des Minderjährigen in die BÜMA ist also keinesfalls als Indiz für die bereits erfolgte Einleitung eines Asylverfahrens zu werten.

Beispiel:

Die 15-jährige A hat kurz vor ihrer Flucht aus Syrien den 22-jährigen B geheiratet. Beide fliehen gemeinsam nach Deutschland. Bei der Ankunft an der österreichisch-bayerischen Grenze werden A und B von der Bundespolizei registriert und müssen ihre Fingerabdrücke abgeben. Nachdem sie mitgeteilt haben, dass sie nach Deutschland geflohen sind, um Asyl zu beantragen, stellt ihnen der ebenfalls anwesende Mitarbeiter des BAMF eine BÜMA aus. In diese BÜMA ist A eingetragen.

B kann damit rechnen, einige Zeit später eine Ladung zur persönlichen Antragstellung vom BAMF zu erhalten, A nicht. Der später bestellte Vormund müsste für A durch einen schriftlichen Antrag bei der Zentrale des BAMF in Nürnberg ein Asylverfahren einleiten.

3. Bundesweite Verteilung (seit 2015)

Bis zur Neuregelung durch das *Gesetz zur Verbesserung der Unterbringung, Versorgung und Betreuung ausländischer Kinder und Jugendlicher*, welches am 01.11.2015 in Kraft trat, war gesetzlich keine bundesweite Verteilung von UMF vorgesehen. Der gerade eingereiste Jugendliche blieb folglich meistens am Ort seines Aufgriffs bzw. der Selbstmeldung. Dies hatte zur Folge, dass einige wenige Jugendämter, etwa jene in Frankfurt am Main und München, stark belastet waren, in weiten Teilen des Bundesgebiets hingegen nur geringe Zahlen an Inobhutnahmen von UMF zu verzeichnen waren. Wegen dieser Ungleichgewichtung wurde die Notwendigkeit für einen Ausgleich der finanziellen und organisatorischen Lasten der UMF-Betreuung gesehen.

Der Gesetzgeber entschied sich schließlich gegen einen bloßen finanziellen Ausgleich (in Form von Zahlungen der weniger belasteten Kommunen an jene mit hohen UMF-Inobhutnahmen) und für Regelungen, welche die bundesweite Verteilung von neueinreisenden UMF vorsehen.

Diese Verteilungsregelungen haben in den §§ 42a bis 42f SGB VIII ihren gesetzlichen Niederschlag gefunden. Vorgesehen ist nunmehr, dass ein neueingereister UMF vorläufig in Obhut genommen wird und während der *vorläufigen Inobhutnahme* überprüft wird, ob der Jugendliche bundesweit verteilt werden kann. Erst nach dieser

Überprüfung und einer anschließenden *dauerhaften Inobhutnahme* (ggf. nach einer bundesweiten Verteilung) kann durch das (dann zuständige) Familiengericht ein *Vormund* bestellt werden.

Die ersten Wochen des UMF in Deutschland

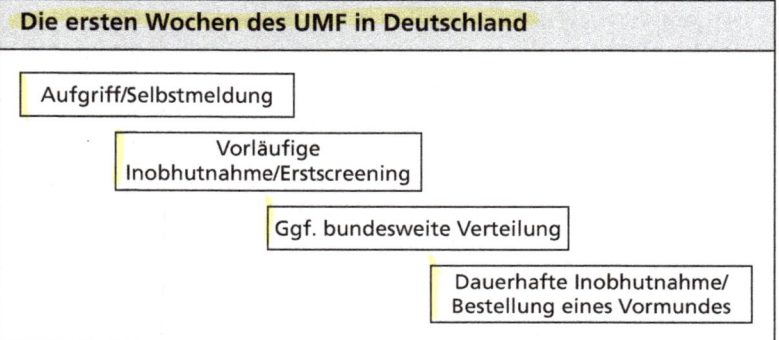

- Aufgriff/Selbstmeldung
- Vorläufige Inobhutnahme/Erstscreening
- Ggf. bundesweite Verteilung
- Dauerhafte Inobhutnahme/ Bestellung eines Vormundes

III. Vorläufige Inobhutnahme

1. Tatsächliche Inobhutnahme

Ausgangspunkt für die vorläufige Inobhutnahme ist die Übergabe des Jugendlichen, der aufgegriffen wurde oder sich selbst gemeldet hat, an das zuständige Jugendamt. In der Regel erfolgt diese Übergabe direkt durch die Polizeibehörden. Praktisch von großer Bedeutung sind in diesem Zusammenhang die Fragen danach, welcher Personenkreis für die vorläufige Inobhutnahme in Betracht kommt (dazu im Folgenden unter 2.), welche Behörde für die vorläufige Inobhutnahme zuständig ist (dazu 3.) und wie der Prüfauftrag im Rahmen der vorläufigen Inobhutnahme lautet (dazu 4.).

III

2. Betroffener Personenkreis

§ 42a Abs. 1 Satz 1 SGB XIII normiert eine Berechtigung und Verpflichtung zur vorläufigen Inobhutnahme für *ausländische Kinder oder Jugendliche*, sobald deren *unbegleitete Einreise* nach Deutschland festgestellt wird.

2.1 Ausländer

Gemäß § 2 Abs. 1 AufenthG ist Ausländer jeder, der nicht Deutscher im Sinne des Art. 116 Abs. 1 GG ist. Ausgeschlossen ist damit eine Anwendung des § 42a Abs. 1 Satz 1 SGB XIII auf Kinder oder Jugendliche, die ausschließlich oder auch die deutsche Staatsangehörigkeit besitzen.

Beispiel:

Die inzwischen 16-jährige A wird als Tochter eines nigerianischen Vaters und einer deutschen Mutter in Deutschland geboren. Als A drei Jahre alt ist, stirbt ihre Mutter und ihr Vater nimmt sie mit nach Nigeria, wo sie die nächsten 13 Jahre verbringt. Kurz bevor Boko Haram ihren Wohnort einnimmt, rettet A sich nach Deutschland und kommt – ohne ihren Vater – am Flughafen in Hamburg an.

A fällt nicht unter die Regelung des § 42a Abs. 1 Satz 1 SGB XIII, da sie (jedenfalls auch) deutsche Staatsangehörige ist.

2.2 Kinder und Jugendliche

Bei der Überlegung, wer als Kind und wer als Jugendlicher zu bezeichnen ist, kann auf die allgemeinen Regelungen des § 7 SGB VIII zurückgegriffen werden. Kind ist demnach, wer noch nicht 14 Jahre ist und Jugendlicher, wer 14, aber noch nicht 18 Jahre alt ist (§ 7 Abs. 1 Nrn. 1 und 2 SGB VIII). Eine vorläufige Inobhutnahme soll nach dem Willen des Gesetzgebers folglich nur bis zum 18. Geburtstag der betroffenen Person durchgeführt werden.

Problematisch ist, dass gerade die Altersfeststellung ein Teil des Prüfauftrags im Rahmen der vorläufigen Inobhutnahme ist (vgl. § 42f SGB VIII) und daher die Frage, ob der Betroffene tatsächlich noch die vorstehend genannten Alterskriterien erfüllt oder nicht, abschließend erst nach Abschluss des Altersfeststellungsverfahrens zu beantworten ist. Gerade bei Jugendlichen aus Ländern, in denen die Ausgabe von Personaldokumenten unüblich ist, gestaltet sich die Altersfeststellung in der Regel schwierig. Die Bezugnahme des Gesetzgebers auf *Jugendliche* in § 42a Abs. 1 Satz 1 SGB XIII ist daher korrekterweise dahingehend zu verstehen, dass die vorläufige Inobhutnahme nur bis zum 18. Geburtstag des Betroffenen *fortgesetzt* werden soll. Für den *Beginn* der vorläufigen Inobhutnahme ist die Einstufung des Betroffenen als Jugendlicher hingegen keine Voraussetzung.

III

Beispiel:

Afghane A kennt zwar sein genaues Geburtsdatum nicht, ist sich aber sicher, dass er 17 Jahre alt ist und sagt dies auch, als er nach seiner Ankunft in der Bundesrepublik von der Polizei aufgegriffen wird. Sein äußeres Erscheinungsbild (Geheimratsecken, Bartwuchs, kantige Gesichtszüge, 185 cm groß) deutet auf ein höheres Alter hin.

Variante 1: Während des Altersfeststellungsverfahrens zeigt sich, dass A auch von seiner geistigen Reife deutlich älter als 18 ist; der von ihm geschilderte Lebenslauf ergibt überdies eine bisherige Lebensdauer von 23 Jahren.

Variante 2: Während des Altersfeststellungsverfahrens zeigt sich, dass A von seiner geistigen Reife jünger als 18 ist; der von ihm geschilderte Lebenslauf ergibt eine bisherige Lebensdauer von 17 Jahren.

Die vorläufige Inobhutnahme muss gemäß § 42a Abs. 1 Satz 1 SGB XIII begonnen werden. In Variante 1 ist sie nach Durchführung des Altersfeststellungsverfahrens abzubrechen, A ist ein entsprechender rechtsmittelfähiger Bescheid zuzustellen. In Variante 2 ist die vorläufige Inobhutnahme nach Durchführung des Altersfeststellungsverfahrens fortzusetzen.

2.3 Unbegleitete Einreise

§ 42a Abs. 1 Satz 1 SGB XIII sieht vor, dass für die vorläufige Inobhutnahme eine „unbegleitete Einreise nach Deutschland" vorliegen muss. Diese Voraussetzung ist erfüllt, wenn das Kind oder der Jugendliche ohne eine Person eingereist ist, die ihm gegenüber personensorge- oder erziehungsberechtigt ist.

3. Zuständigkeit

§ 88a Abs. 1 SGB VIII lautet:

„Für die vorläufige Inobhutnahme eines unbegleiteten ausländischen Kindes oder Jugendlichen (§ 42a [*Anm.:* SGB VIII]) ist der örtliche Träger zuständig, in dessen Bereich sich das Kind oder der Jugendliche vor Beginn der Maßnahme tatsächlich aufhält, soweit Landesrecht nichts anderes regelt."

Örtlich zuständig sind somit die Jugendämter des Aufgriffsortes bzw. des Ortes der Selbstmeldung des Jugendlichen. Der Hinweis des Gesetzgebers auf abweichendes Landesrecht dient dazu, etwaige bereits bestehende Sonderzuweisungen an Jugendämter, die in der Betreuung von UMF besonders geschult sind, beibehalten zu können. Erst während der Durchführung der vorläufigen Inobhutnahme entscheidet sich sodann, welches Jugendamt dauerhaft örtlich zuständig wird.

Hinsichtlich der sachlichen Zuständigkeit für die vorläufige Inobhutnahme gelten wegen des Verweises auf § 42 SGB VIII grundsätzlich die allgemeinen Regeln der Inobhutnahme. Das bedeutet insbesondere, dass auch die vorläufige Inobhutnahme mittels Verwaltungsakt durch einen Träger der öffentlichen Jugendhilfe erfolgt (und folglich auch freie Träger mit der vorläufigen Inobhutnahme beauftragt werden können, vgl. § 76 SGB VIII).

4. Prüfaufträge im Rahmen der vorläufigen Inobhutnahme

Während der vorläufigen Inobhutnahme hat das zuständige Jugendamt im Rahmen eines sogenannten *Erstscreenings* fünf wesentliche Fragen zu beantworten. Gemäß § 42a Abs. 2 SGB VIII ist zunächst zu klären, ob

- das Kindeswohl durch eine Verteilung gefährdet wäre;
- sich mit dem Jugendlichen verwandte Personen im In- oder Ausland befinden;
- eine gemeinsame Inobhutnahme des Jugendlichen mit Geschwistern oder anderen UMF möglich und erforderlich ist;
- der Gesundheitszustand des Jugendlichen eine Verteilung zulässt.

Darüber hinaus ist gemäß § 42f SGB VIII

- das Altersfeststellungsverfahren durchzuführen.

Zu den genannten Prüfaufträgen des zuständigen Jugendamtes im Einzelnen:

4.1 Gefährdung des Kindeswohls durch eine bundesweite Verteilung

Aus der Begründung zum *Gesetz zur Verbesserung der Unterbringung, Versorgung und Betreuung ausländischer Kinder und Jugendlicher* (BT-Drs. 18/5921) ergibt sich die Aufgabe des Jugendamtes, im Rahmen des Erstscreenings einzuschätzen, ob die Durchführung des bundesweiten Verteilungsverfahrens absehbar zu einer Gefährdung für die Entwicklung des Kindes oder Jugendlichen im Hinblick auf dessen körperliches, geistiges oder seelisches Wohl führen könnte. Bei der Feststellung des Kindeswohls bzw. seiner möglichen Gefährdung soll in Abhängigkeit von Alter und Entwicklungsstand des Kindes oder Jugendlichen dessen Wille einbezogen werden. Die Durchführung des Verteilungsverfahrens soll demzufolge z. B. ausgeschlossen sein, wenn die körperliche oder seelische Verfassung des unbegleiteten Minderjährigen seine Transportfähigkeit so stark beeinträchtigt, dass aus der Durchführung des Verteilungsverfahrens erhebliche Risiken einer körperlichen oder psychischen Schädigung resultieren würden. Verweigere sich das Kind oder der Jugendliche der Durchführung eines Verteilungsverfahrens und sei aufgrund seines seelischen Zustands zu befürchten, dass eine Durchführung der Verteilung entgegen dieser starken Ablehnungshaltung mit hoher Wahrscheinlichkeit zu einer (Re-)Traumatisierung führen könne, soll demnach ebenfalls von der Durchführung des Verteilungsverfahrens abgesehen werden. Die Prüfung des Kindeswohls steht damit in einem engen Zusammenhang mit jener des (insbesondere psychischen) Gesundheitszustandes des Betroffenen.

Auch wenn lediglich Zweifel daran bestehen, dass das Kindeswohl gefährdet sein könnte, ist mit Blick auf den absoluten Ausschlussgrund in § 42b Abs. 4 Nr. 1 SGB VIII die vorläufige Inobhutnahme mit der Feststellung abzuschließen, dass eine bundesweite Verteilung nicht in Betracht kommt (und dem Betroffenen ein entsprechender Bescheid zuzustellen). Das öffentliche Interesse an einer gleichmäßigen Verteilung von UMF auf das Bundesgebiet hat in derartigen Zweifelsfällen hinter dem (möglicherweise) gefährdeten Kindeswohl zurückzustehen.

4.2 Verwandte Personen im In- oder Ausland

Im Rahmen des Erstscreenings soll durch das zuständige Jugendamt auch ermittelt werden, ob die bundesweite Verteilung ausgeschlossen ist, weil das Kind oder der Jugendliche Verwandte im In- oder Ausland hat. Das Jugendamt soll nach dem Willen des Gesetzgebers also nicht nur Einschätzungsaufgaben übernehmen (wie etwa in Bezug auf das Kindeswohl, siehe vorstehend), sondern auch Sachverhaltsermittlung bezüglich der Familie des Betroffenen betreiben. Dies soll dazu dienen, dass möglichst frühzeitig die ersten Schritte zu einer *Familienzusammenführung via Dublin* (siehe hierzu in Kapitel XII) unternommen werden können (§ 42b Abs. 4 Nr. 3 SGB VIII).

Angesichts des hohen Gutes der Familieneinheit ist der Wunsch des Gesetzgebers nach einer frühzeitigen Klärung der Familiensituation und ein Ausschluss der bundesweiten Verteilung im Falle einer Zusammenführungsmöglichkeit nachvollziehbar. Nicht konsequent ist es dann aber, wenn in der Gesetzesbegründung davon die Rede ist, dass „vertiefte Recherchen" seitens des Jugendamtes nicht erforderlich seien. Das typischerweise stark ausgeprägte Bedürfnis des Kindes oder Jugendlichen, zeitnah wieder mit seiner Familie zusammenleben zu können, muss dazu führen, dass das Jugendamt es nicht bei der bloßen Frage nach Familienangehörigen belässt. Sinnvoll erscheint es in diesem Zusammenhang, die Aufenthaltsorte aller nahen Familienmitglieder (Eltern und Geschwister) standardisiert abzufragen und bei Anhaltspunkten auf eine Zusammenführungsmöglichkeit nachzuhaken.

4.3 Inobhutnahme mit Geschwistern oder anderen UMF möglich und erforderlich

§ 42a Abs. 2 Nr. 3 SGB VIII verlangt eine Prüfung, ob enge soziale Bindungen zu anderen unbegleiteten ausländischen Kindern oder Jugendlichen bestehen bzw. während der Reise aufgebaut wurden, die unter Kindeswohlgesichtspunkten eine gemeinsame Verteilung und weitere Unterbringung dieser jungen Menschen notwendig machen. Dies gilt insbesondere für Geschwister, die zwingend gemeinsam zu verteilen sein sollen.

III

Mit dieser Regelung trägt der Gesetzgeber dem Umstand Rechnung, dass auf der Flucht häufig besonders enge Schicksalsgemeinschaften entstehen. Die dabei entstandenen Bindungen und das gewachsene Vertrauen zu den Mitflüchtenden können für den Einzelnen hilfreich sein, wenn es darum geht, sich in der neuen Umgebung zurechtzufinden und die ersten Schritte hin zu einer erfolgreichen gesellschaftlichen Integration zu gehen. Wegen der besonderen Bedeutung solcher Schicksalsgemeinschaften sollte die Prüfung durch das Jugendamt großzügig erfolgen. Äußern alle betroffenen Kinder oder Jugendliche ungefragt den ausdrücklichen Wunsch, nicht von ihrem Fluchtpartner getrennt zu werden, sollte diesem Begehren nachgekommen werden.

Zwischen Geschwistern ist eine enge – und schützenswerte – Bindung *ohne weitergehende Prüfung* anzunehmen, weshalb die Klarstellung aus der Gesetzesbegründung, wonach Geschwisterpaare im Rahmen der Verteilung nicht getrennt werden dürfen, folgerichtig ist.

Beispiel:

Der 15-jährige A aus Kundus und der 16-jährige B aus Kabul lernen sich auf ihrer Flucht im Iran kennen. Den weiteren Weg nach Europa absolvieren sie – unter Überwindung zahlreicher Schwierigkeiten – gemeinsam. Nach ihrer Ankunft in Frankfurt am Main werden A und B von der Polizei aufgegriffen und dem Jugendamt übergeben. Im Rahmen des Erstscreenings äußern beide getrennt voneinander, unbedingt mit dem jeweils anderen verteilt werden zu wollen. B hat einen jüngeren Bruder, der bereits ein Jahr zuvor geflüchtet war und im Main-Taunus-Kreis (endgültig) in Obhut genommen wurde.

Eine bundesweite Verteilung von A und B scheidet aus Kindeswohlgründen aus. B ist wegen der familiären Bindung in der Nähe seines jüngeren Bruders unterzubringen, A kann aufgrund der zwischen ihm und B bestehenden besonderen (auf der Flucht entstandenen) Bindung ebenfalls nicht auf ein anderes Bundesland verteilt werden.

4.4 Gesundheitszustand

Um auszuschließen, dass Kinder und Jugendliche mit ansteckenden Krankheiten verteilt und dadurch Dritte gefährdet werden, muss laut der Gesetzesbegründung „in der Regel eine ärztliche Stellungnahme zum Gesundheitszustand des Minderjährigen eingeholt werden, die im Krankheitsfall insbesondere auch eine Aussage zur Dauer der Ansteckungsgefahr enthalten sollte". Zu prüfen ist dabei, ob der Gesundheitszustand des Kindes oder des Jugendlichen die Durchführung des Verteilungsverfahrens innerhalb von 14 Werktagen (nur Montag bis Freitag, vgl. § 7 Abs. 3 SGB VIII) nach Beginn der vorläufigen Inobhutnahme ausschließt.

4.5 Altersfeststellungsverfahren

Eine weitere – oder besser: die zentrale – Aufgabe des Jugendamtes im Rahmen der vorläufigen Inobhutnahme ist die Feststellung des Alters des Betroffenen.

4.5.1 Allgemeines

Aus dem Wortlaut des § 42f SGB VIII („Das Jugendamt hat im Rahmen der vorläufigen Inobhutnahme ...") ergibt sich, dass die Altersfeststellung ein Teil der vorläufigen Inobhutnahme ist und nicht etwa eine Vorprüfung von dieser. Anders formuliert: Zweifel an der Minderjährigkeit des Betroffenen dürfen nicht dazu führen, dass das Erstscreening der vorläufigen Inobhutnahme erst gar nicht begonnen wird.

Bei Beginn der Altersüberprüfung ist der Betroffene in geeigneter Weise (also in aller Regel mit Hilfe eines Übersetzers) auf seine Rechte hinzuweisen und ihm ist Gelegenheit zur Hinzuziehung einer

Vertrauensperson zu geben, dies folgt aus dem in § 42f SGB VIII enthaltenen Verweis auf § 8 Abs. 1 und § 42 Abs. 2 Satz 2 SGB VIII. Darüber hinaus ist der Betroffene über die Methode der Altersfeststellung zu informieren.

Maßstab zur Festsetzung des Alters ist das Kindeswohl. Die Festsetzung muss unter Achtung der Menschenwürde und der körperlichen Integrität des Betroffenen sowie auf der Grundlage von Standards erfolgen, wie sie beispielsweise die Bundesarbeitsgemeinschaft der Landesjugendämter in ihren „Handlungsempfehlungen zum Umgang mit unbegleiteten minderjährigen Flüchtigen" auf ihrer 116. Arbeitstagung im Mai 2014 beschlossen hat (vgl. BT-Drs. 18/6392).

III

4.5.2 Vorlage von Identitätspapieren

§ 42f Abs. 1 SGB VIII sieht vor, dass die Minderjährigkeit *durch Einsichtnahme in die Ausweispapiere des Betroffenen festzustellen oder hilfsweise mittels einer qualifizierten Inaugenscheinnahme einzuschätzen und festzustellen ist.*

Aus dem Gesetzeswortlaut folgt, dass die Festsetzung des Alters anhand von mitgebrachten Dokumenten grundsätzlich Vorrang gegenüber anderen Feststellungsmethoden hat und die vorgelegten Dokumente einer Plausibilitätskontrolle unterzogen werden sollen. Unter den Begriff „Ausweispapier" fallen dabei nicht nur klassische Ausweise (Personalausweis oder Reisepass), sondern alle Dokumente, aus denen sich die Identität und das Geburtsdatum (bzw. jedenfalls das Geburtsjahr) entnehmen lassen.

In der Praxis spielt die Altersfeststellung mittels vorgelegter Dokumente eine untergeordnete Rolle, da in vielen Staaten, aus denen Kinder und Jugendliche derzeit nach Deutschland flüchten, keine Ausweisdokumente ausgegeben werden und auch die Erstellung sonstiger Identitätsdokumente (Geburtsurkunden o. Ä.) unüblich ist. Dazu kommen jene Fälle, in denen zwar Dokumente auf die Flucht mitgenommen werden konnten, währenddessen aber verlorengegangen sind.

4.5.3 Qualifizierte Inaugenscheinnahme

Weil nur selten auf mitgebrachte Dokumente zurückgegriffen werden kann, ist die Altersfeststellung in der Regel anhand der im Gesetzeswortlaut ebenfalls genannten *qualifizierten Inaugenschein-*

nahme durchzuführen. Dies bedeutet, dass sich das Jugendamt einen Gesamteindruck verschaffen soll, welcher neben dem äußeren Erscheinungsbild des Kindes oder Jugendlichen insbesondere die Bewertung der im Gespräch gewonnenen Informationen zum Entwicklungsstand umfasst. Daneben kann zu einer qualifizierten Inaugenscheinnahme auch gehören, Auskünfte jeder Art einzuholen, Beteiligte anzuhören, Zeugen und Sachverständige zu vernehmen oder die schriftliche oder elektronische Äußerung von Beteiligten, Sachverständigen und Zeugen einzuholen sowie Dokumente, Urkunden und Akten beizuziehen (vgl. BT-Drs. 18/6392). Am Beginn des Gesprächs mit dem Jugendlichen sollte stets die Frage stehen, wie er selbst sein Alter beziffert. Diese Angabe ist sodann auf ihre Plausibilität zu überprüfen.

Angesichts der weitreichenden Bedeutung der Altersfeststellung sind vom Jugendamt der vorläufigen Inobhutnahme bei der qualifizierten Inaugenscheinnahme intensive Bemühungen zu erwarten. Fehlerhaft und damit auch angreifbar ist eine Altersfeststellung jedenfalls dann, wenn die Inaugenscheinnahme nicht im Sinne der vorstehenden Ausführungen *qualifiziert* war – etwa, wenn ausschließlich auf äußere Merkmale des Betroffenen abgestellt wurde und/oder kein ausführliches Gespräch mit dem Betroffenen stattgefunden hat.

Praxis-Tipp:

Zum Zwecke der späteren Überprüfbarkeit ist es ratsam, das ausführliche Gespräch mit dem Betroffenen (vollständig und nicht nur zu Beginn) von zwei Mitarbeitern des Jugendamtes führen und diese ein detailliertes Gesprächsprotokoll anfertigen zu lassen.

4.5.4 Ärztliche Untersuchung

Neu geregelt wurde durch das *Gesetz zur Verbesserung der Unterbringung, Versorgung und Betreuung ausländischer Kinder und Jugendlicher* auch die Möglichkeit der Altersfeststellung mittels medizinischer Untersuchungen. Aus § 42f Abs. 2 SGB VIII ergibt sich nunmehr, dass der Betroffene oder sein Vertreter berechtigt sind, einen Antrag auf eine Bestimmung des Alters durch ärztliche Untersuchungen zu stellen. Auch das Jugendamt kann entsprechende Untersuchungen veranlassen, wenn die oben beschriebenen Methoden der Altersfeststellung (Überprüfung von vorgelegten Dokumenten und/oder qualifizierte Inaugenscheinnahme) kein zweifelsfreies Ergebnis gebracht haben.

Obwohl weiterhin grundsätzliche Zweifel an der Geeignetheit medizinischer Untersuchungen zur Alterseinschätzung bestehen (zur Vertiefung dieses Themas wird empfohlen: Deutsches Ärzteblatt, Jg. 2014, S. 786 bis 788), wurden diese also nicht gänzlich ausgeschlossen, sondern es wurde lediglich festgestellt, dass die Untersuchungen „mit den schonendsten und soweit möglich zuverlässigsten Methoden von qualifizierten medizinischen Fachkräften durchzuführen" seien. Genitaluntersuchungen sollen demnach ausgeschlossen sein. Außerdem soll der Betroffene umfassend über die Untersuchungsmethode und über die möglichen Folgen des Untersuchungsergebnisses aufgeklärt werden (vgl. BT-Drs. 18/6392).

III

Eine Weigerung des Betroffenen, sich der (vom Jugendamt veranlassten) medizinischen Untersuchung zu unterziehen, soll dazu führen, dass das Jugendamt eine Aufgabenerfüllung, die an die Minderjährigkeit anknüpft, entsprechend § 66 Abs. 1 Satz 1 SGB I verweigern oder einstellen und Leistungen versagen oder entziehen kann. Das Jugendamt hat hierüber eine Ermessensentscheidung zu treffen, der Betroffene ist über die möglichen Konsequenzen seiner Weigerung zusätzlich zu belehren (§ 42f Abs. 2 SGB VIII, vgl. auch BT-Drs. 18/6392). Diese weitreichende Möglichkeit der Verfahrensbeendigung ist unter Aspekten des Kindeswohls überaus problematisch. Ebenfalls kritikwürdig ist in diesem Zusammenhang, dass § 42f Abs. 2 SGB VIII zwar eine ausdrückliche Regelung enthält, nach der die Untersuchung nur mit Einwilligung der betroffenen Person und ihres Vertreters durchgeführt werden darf, es sich bei dem (Not-)Vertreter des Kindes oder Jugendlichen während der vorläufigen Inobhutnahme aber um das Jugendamt handelt, das mit dem Erstscreening (und damit auch der Altersfeststellung) betraut ist (zur Problematik der rechtlichen Vertretung während der vorläufigen Inobhutnahme siehe sogleich unter 5.).

4.5.5 Ergebnis des Altersfeststellungsverfahrens

Besteht bei den zuständigen Jugendamtsmitarbeitern hinreichende Sicherheit, dass der Betroffene nicht mehr Jugendlicher ist, er also das 18. Lebensjahr schon vollendet hat, ist die vorläufige Inobhutnahme zu beenden. Verbleiben aber auch nach der ärztlichen Untersuchung noch Zweifel daran, ob der Betroffene minderjährig ist, ist nach Art. 25 Abs. 5 Unterabs. 1 Satz 2 der Richtlinie 2013/31/EU vom 26.06.2013 zu gemeinsamen Verfahren für die Zuerkennung und Aberkennung des internationalen Schutzes („Verfahrensrichtlinie“) davon auszugehen, dass der Betroffene minderjährig ist.

Im Falle der festgestellten Volljährigkeit ist dem Betroffenen ein schriftlicher Bescheid über die Beendigung der vorläufigen Inobhutnahme zuzustellen und mit einer Rechtsbehelfsbelehrung zu versehen. Die schriftliche Begründung muss auch Hinweise darauf enthalten, warum von der Volljährigkeit ausgegangen wird, hilfsweise ist das Protokoll des Altersfeststellungsverfahrens beizufügen. Schließlich sollte das Jugendamt, das die Volljährigkeit festgestellt hat, den Betroffenen kurz über migrationsrechtliche Beratungsstellen in der Umgebung informieren.

Auch bei jungen Volljährigen, die sich erst kurze Zeit in der Bundesrepublik aufhalten, ist noch von einer erhöhten Schutzbedürftigkeit auszugehen, weshalb eine solche Informationspflicht angemessen erscheint.

Checkliste Altersfeststellung:

- Wurde der Betroffene über seine Rechte und den Ablauf/die Methode des Altersfeststellungsverfahrens in seiner Muttersprache informiert?
- Hat der Betroffene Dokumente vorgelegt, aus denen sich sein Alter ergibt?
- Falls ja: Sind diese Dokumente glaubhaft/plausibel?
- Für den Fall, dass keine Dokumente vorgelegt wurden: Welche Angabe macht der Betroffene zu seinem Alter? Ist diese Angabe plausibel/stimmt sie mit dem von ihm angegebenen Lebenslauf und mit seinem äußeren Erscheinungsbild überein? Hat das (vollständig von zwei Mitarbeitern des Jugendamtes geführte) ausführliche Gespräch ergeben, dass der Betroffene sich dem von ihm angegebenen Alter entsprechend verhält?
- Wurde das Altersfeststellungsverfahren (und insbesondere das ausführliche Gespräch mit dem Betroffenen) genau protokolliert?

- Bestehen nach der qualifizierten Inaugenscheinnahme noch Zweifel am Alter der Betroffenen? Falls ja: Willigt dieser in medizinische Untersuchungen zur Altersfeststellung ein?
- Bei Feststellung der Volljährigkeit: Wurde dem Betroffenen ein rechtsmittelfähiger Ablehnungsbescheid mit Angaben zu den Gründen der Ablehnung zugestellt? Wurde der Betroffene über unabhängige Beratungsmöglichkeiten informiert?

4.5.6 Rechtsschutzmöglichkeiten

Will der Betroffene sich gegen die behördliche Entscheidung zur Wehr setzen, ist zu beachten, dass Widerspruch und Klage hier wegen § 42f Abs. 3 SGB VIII *keine aufschiebende Wirkung* haben. Es ist daher stets zu prüfen, ob ein Antrag auf Anordnung der aufschiebenden Wirkung gemäß § 80 Abs. 5 VwGO im Einzelfall sinnvoll ist. Ob Klage oder Widerspruch zu erheben ist, richtet sich nach dem Recht im betreffenden Bundesland (wird aber in der Rechtsbehelfsbelehrung erklärt). Adressat des Widerspruchs ist die Behörde, die den Bescheid erlassen hat. Für die Klage und immer auch für einen Eilantrag ist das örtliche Verwaltungsgericht zuständig (und nicht etwa das Sozialgericht; dies folgt aus dem Umstand, dass es hierfür eine Sonderzuweisung zu den Sozialgerichten im Katalog des § 51 SGG nicht gibt).

Zur Begründung des Widerspruchs und/oder der Klage ist auf etwaige Fehler während der vorläufigen Inobhutnahme einzugehen. Der zur Anwendung kommende Amtsermittlungsgrundsatz bewirkt, dass der Betroffene im Widerspruchs- und/oder Klageverfahren zwar nicht zur Vorlage bestimmter Dokumente verpflichtet ist, gleichwohl steigen die Erfolgsaussichten des Widerspruchs und/oder der Klage erheblich, wenn während des jeweiligen Verfahrens noch Unterlagen aus dem Herkunftsland beschafft werden können, mittels derer das von der Feststellung abweichende Alter des Betroffenen belegt werden kann.

5. Notvertretung des UMF während der vorläufigen Inobhutnahme

Die Einführung einer vorläufigen Inobhutnahme und – damit zusammenhängend – der Möglichkeit einer bundesweiten Verteilung von UMF mag aufgrund des großen Drucks auf bestimmte, besonders stark belastete Kommunen sinnvoll gewesen sein. Nicht gänzlich zufriedenstellend gelöst hat der Gesetzgeber dabei die rechtliche Vertretung des Jugendlichen während der vorläufigen Inobhutnahme. Zwar soll dem zuständigen Jugendamt eine *Notvertretung* zukommen, nicht gänzlich geklärt wurde aber, wie diese ausgestaltet sein soll. In diesem Zusammenhang ergeben sich Probleme in Bezug auf die Vertretung bei für den UMF negativer Entscheidung während der vorläufigen Inobhutnahme (siehe dazu sogleich 5.1) und bezüglich des Asylverfahrens (siehe dazu nachfolgend 5.2).

III

5.1 Problem: Negative Entscheidungen während der vorläufigen Inobhutnahme

Denkbar sind zunächst Fälle, in denen es für den betroffenen Jugendlichen wichtig ist, sich gegen behördliche Entscheidungen (etwa zur Altersfestsetzung oder zum Gesundheitszustand) während der vorläufigen Inobhutnahme zur Wehr zu setzen, weil er mit der entsprechenden Entscheidung der Behörde nicht einverstanden ist. Die vom Gesetzgeber vorgesehene Konstruktion der *Notvertretung* des Kindes oder Jugendlichen während der vorläufigen Inobhutnahme führt dazu, dass die Behörde in eine Doppelrolle gerät: Sie soll einerseits das Erstscreening durchführen und den Willen des Gesetzgebers, eine möglichst gleichmäßige Verteilung von UMF über das Bundesgebiet zu gewährleisten, umsetzen. Andererseits soll sie als Vertreterin des Betroffenen tätig werden und diesem zu seinem Recht verhelfen, während dieser noch keinen Vormund durch das Familiengericht zur Seite gestellt bekommen hat. Der dabei zwangsläufig entstehende Konflikt innerhalb der Jugendämter lässt sich – wenn überhaupt – nur durch eine klare behördeninterne Trennung der Zuständigkeiten erreichen. Theoretisch denkbar wäre auch die Schaffung einer (landesweiten) Stelle, an die sich UMF wenden können, wenn sie während der vorläufigen Inobhutnahme eine externe Beratung (also eine solche außerhalb des Jugendamtes, welches ihre bundesweite Verteilung prüft) für nötig erachten.

Beispiel:

A ist 15 Jahre alt und kommt aus dem Iran. Das für seine vorläufige Inobhutnahme zuständige Jugendamt in Bayern hält ihn für 17 und setzt sein Alter entsprechend fest. Die Behörde ignoriert außerdem, dass ein minderjähriger Bruder des A sich ebenfalls bereits in Bayern aufhält und meldet ihn zur bundesweiten Verteilung an. A äußert gegenüber einem Mitarbeiter des Jugendamtes den Wunsch, gegen die Entscheidung vorgehen zu wollen.

Eine externe Kontrolle der ergangenen Behördenentscheidung findet nicht statt. Das zuständige Jugendamt ist für den A Gegner und Notvertreter zugleich. Der für die Notvertretung eingeteilte Mitarbeiter des Jugendamtes muss dem A dabei helfen, gegen den Bescheid seiner Behörde vorzugehen.

5.2 Problem: Asylverfahren

Darüber hinaus können sich in der Phase der vorläufigen Inobhutnahme auch asylrechtliche Probleme für das Kind oder den Jugendlichen ergeben. So ist es nach derzeitiger Rechtslage für UMF, die unter die Dublin-Verordnung fallen, von großer Bedeutung, dass sie vor ihrem 18. Geburtstag in Deutschland einen Asylantrag stellen, um die Zuständigkeit eines anderen europäischen Staates für ihr Schutzersuchen zu vermeiden (Art. 6 Dublin-VO). Auch bezüglich des Asylverfahrens von UMF hat der Gesetzgeber den Jugendämtern folglich eine schwere und umfangreiche Aufgabe übergeben. Von der Notvertretung muss nämlich aus Gründen des Kindeswohles auch die Prüfung umfasst sein, ob in der Zeit der vorläufigen Inobhutnahme unumkehrbare Schäden für die Asylverfahren der UMF entstehen können. Von den Jugendämtern abzuklären ist insbesondere,

- ob für den UMF ein Asylantrag sinnvoll ist und
- ob dieser Antrag aufgrund eines unmittelbar bevorstehenden 18. Geburtstags während der vorläufigen Inobhutnahme gestellt werden sollte.

Die Beantwortung der mit diesem zusätzlichen Prüfauftrag verbundenen Folgefragen (u. a.: Hat ein Schutzersuchen angesichts der vorgetragenen Fluchtgründe Aussicht auf Erfolg? Wurde dem UMF in einem anderen europäischen Staat bereits ein Schutzstatus zuerkannt?) nimmt erfahrungsgemäß einige Zeit in Anspruch.

Beispiel:

A wurde am 21.05.1999 in Asmara geboren und ist eritreischer Staatsangehöriger. In seinem Herkunftsland soll er ins Militär-

III

camp eingezogen werden. Bevor es dazu kommt, flieht er nach Italien. In Italien stellt er einen Asylantrag. Bevor über diesen entschieden wird, flieht er weiter nach Deutschland. Er kommt am 15.05.2017 in München an und wird vom dortigen Jugendamt vorläufig in Obhut genommen.

Eine oberflächliche Überprüfung der Fluchtgründe des A ergibt, dass ein Asylantrag wahrscheinlich gute Erfolgsaussichten haben wird. Stellt das Jugendamt München im Rahmen seiner Notvertretung noch vor dem 18. Geburtstag für A einen Asylantrag, wird Deutschland für die Prüfung dieses Antrags zuständig. Erfolgt keine Antragstellung vor dem 18. Geburtstag des A, sondern erst danach, droht A ein negativer Bescheid des Bundesamtes für Migration und Flüchtlinge, in dem die Abschiebung nach Italien angeordnet wird.

6. Bundesweite Verteilung: Ablauf

Das für die vorläufige Inobhutnahme zuständige Jugendamt soll innerhalb von sieben Werktagen (Montag bis Freitag, vgl. § 7 Abs. 3 SGB VIII) die zuständige *Landesstelle* über seine Entscheidung für eine bundesweite Verteilung informieren. Die Landesstelle hat dann das Kind oder den Jugendlichen innerhalb von drei Werktagen beim *Bundesverwaltungsamt* zur Verteilung anzumelden. Dort wird innerhalb von zwei Werktagen gemäß § 42b Abs. 1 SGB VIII anhand von Quoten ermittelt, welches Bundesland für die Aufnahme des Kindes oder Jugendlichen zuständig ist. Die Landesstelle des (vom Bundesverwaltungsamt informierten) Aufnahmelandes bestimmt sodann das Jugendamt der dauerhaften Inobhutnahme. Steht dieses fest, hat das Jugendamt der vorläufigen Inobhutnahme gemäß § 42a Abs. 5 SGB VIII die Begleitung des Kindes oder des Jugendlichen und dessen Übergabe *durch eine insofern geeignete Person* an das für die dauerhafte Inobhutnahme zuständige Jugendamt sicherzustellen sowie diesem unverzüglich die personenbezogenen Daten zu übermitteln, die zur Wahrnehmung der Aufgaben nach § 42 SGB VIII erforderlich sind.

Überschreitungen der vorstehend genannten Fristen von sieben, drei und zwei Werktagen sind unschädlich und führen nicht zum Abbruch des Verfahrens. Anders ist dies bei der in § 42b Abs. 4 SGB VIII genannten Frist – erfolgt die Durchführung des Verteilungsverfahrens nicht innerhalb von einem Monat nach Beginn der vorläufigen Inobhutnahme, ist die bundesweite Verteilung ausgeschlossen.

Wurde die bundesweite Verteilung durchgeführt, oder hat das Erstscreening ergeben, dass eine bundesweite Verteilung nicht angezeigt ist, wird das Kind oder der Jugendliche dauerhaft in Obhut genommen.

Übersicht: Bundesweite Verteilung

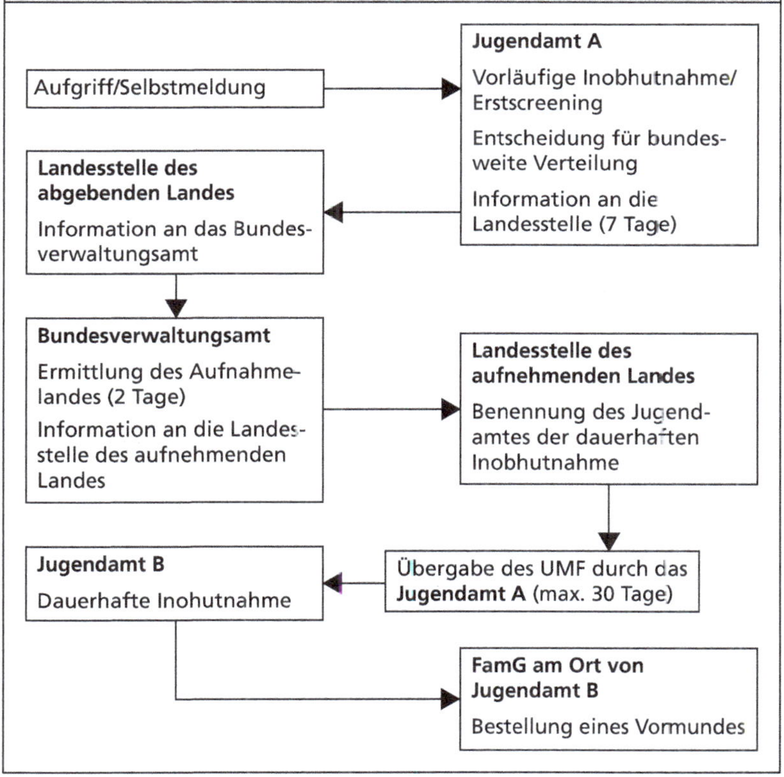

IV. Vertretung des UMF

1. Der Vormund des UMF

1.1 Funktion und Aufgaben eines Vormunds

Der Vormund ist die vom Gericht bestellte Person, der das Sorgerecht für einen Minderjährigen übertragen ist. Seine Aufgabe ist die Wahrnehmung der Sorge für einen Minderjährigen in ihren beiden Ausprägungen, der Personensorge und der Vermögenssorge. Außerdem kommt dem Vormund die Aufgabe zu, den in seiner Geschäftsfähigkeit oder Handlungsfähigkeit beschränkten Minderjährigen wirksam rechtlich zu vertreten.

Bei UMF ist dabei besonders der Bereich des Asyl- und Ausländerrechts als Aufgabenkreis herauszuheben. In verschiedenen europarechtlichen Vorgaben, etwa der Verfahrensrichtlinie und der Dublin-III-Verordnung, finden sich Hinweise darauf, dass der Vertreter eines UMF bestimmte Fachkenntnisse auf diesem Gebiet haben muss. Wie sich das auswirkt und welche Lösungen es bei der Umsetzung gibt, soll unter 2. behandelt werden.

IV

1.2 Zeitpunkt der Vormundbestellung

Nach dem neuen Verteilungsverfahren ist vorgesehen, dass der Vormund für den UMF erst durch das Zuweisungsjugendamt bestellt wird. Zu diesem Zeitpunkt befindet sich der Minderjährige schon einige Wochen im Land. Wie er vorher handlungsfähig wird, wurde oben unter dem Stichwort „Notvertretung" behandelt.

1.3 Bestellung des Vormunds

1.3.1 Maßgebliches Recht

Für den gesamten Rechtsbereich der Bestellung eines Vormundes gilt das deutsche Familienrecht. Das folgt aus den verschiedenen Regelungen des internationalen Familienrechts, insbesondere aus Art. 15 KSÜ, dem Haager Kinderschutzübereinkommen, der an den Aufenthalt des Minderjährigen in Deutschland anknüpft.

1.3.2 Ruhen der elterlichen Sorge

Das deutsche Familienrecht sieht die Bestellung eines Vormunds nur dann vor, wenn das Sorgerecht der Eltern, das ja als natürliches Elternrecht immer Vorrang hat, nicht mehr besteht. Das kann der Fall sein, weil die Eltern verstorben sind oder weil ihnen das Sorgerecht entzogen worden ist. Letzteres ist dann der Fall, wenn das Familiengericht damit eine drohende Kindeswohlgefährdung abwenden wollte (§ 1666 Abs. 3 Nr. 6 BGB). Diese gerichtliche Maßnahme kann, sofern die Voraussetzungen vorliegen, gegenüber Eltern im In- und Ausland ergehen.

In der Praxis kommt es meistens aus tatsächlichen Gründen zum Ruhen der elterlichen Sorge, weil die Eltern „das Sorgerecht auf längere Zeit tatsächlich nicht ausüben können" (§ 1674 Abs. 1 BGB). Die bloße Verhinderung genügt hierfür noch nicht, sie muss auch vom Familiengericht festgestellt werden. Das ist der Grund, weshalb das Gericht vor der Bestellung des Vormunds Nachfragen zum Aufenthaltsort der Eltern und dem bestehenden Kontakt mit dem Minderjährigen in Deutschland anstellt. Bei Kindern und Jugendlichen, die ohne ihre Eltern nach Deutschland gekommen sind, sollte man annehmen, dass eine Ausübung des Sorgerechts über die Ferne schwerlich möglich ist. Deutlich wird das, wenn man sich vor Augen führt, was mit der Wahrnehmung des Sorgerechts alles verbunden ist und welche Entscheidungen hier zum Wohle des Kindes zu treffen sind, ganz zu schweigen von der Vertretung in allen Angelegenheiten, die ja einen Teil der Personensorge ausmacht. Trotzdem hat es immer wieder Familiengerichte gegeben, die sich vertieft über die Möglichkeit Gedanken gemacht haben, das Sorgerecht mittels moderner Kommunikationsmittel (E-Mail, Skype, Telefon, SMS u. a.) auch aus dem Herkunftsland auszuüben. Die Folge war, dass das Ruhen der elterlichen Sorge vereinzelt mit dem Argument verneint wurde, dass das Sorgerecht auch noch über die räumliche Distanz ausgeübt werde. Eine Mehrheit hat diese Auffassung aber nicht; und soweit ersichtlich, wird sie neuerdings auch nicht mehr vertreten. Mit guten Gründen jedenfalls ist hier für eine pragmatische Betrachtung zu optieren, dass sich die Erziehung und Vertretung von Minderjährigen nicht über den Austausch von elektronischen Nachrichten oder gelegentliche Telefonate erzielen lässt. Hinzu kommt auch, dass die Eltern die Verhältnisse der Kinder in Deutschland nicht kennen und dass es für die Betroffenen zu einem Verlust im Hinblick auf die Wahrung ihrer Rechte führt, würde man ihnen in dieser Situation einen gesetzlichen Vertreter vor Ort vorenthalten.

1.3.3 Die Person des Vormunds

In aller Regel wird dem UMF ein Amtsvormund bestellt, falls nicht ausnahmsweise etwa ein naher Angehöriger oder ein Verein mit diesem Amt betraut wird. In dem Beschluss des Familiengerichts steht dann, dass das Jungendamt der betreffenden Kommune zum Vormund bestellt wird. Intern übernimmt dann ein Mitarbeiter oder eine Mitarbeiterin des Jugendamtes diese Funktion und ist, das stellt § 55 Abs. 3 SGB VIII ausdrücklich klar, dann selbst in eigener Person gesetzlicher Vertreter des Jugendlichen. Die Folge ist z. B., dass Schriftstücke dem betreffenden Mitarbeiter zuzustellen sind, nicht allgemein dem Jugendamt. Maßstab seiner Tätigkeit ist dabei immer das Kindeswohl. Der Vormund untersteht der Aufsicht des Familiengerichts. Gegenüber der Leitung des Jugendamtes unterliegt er nur einer eingeschränkten Weisungsbefugnis, die nur dann greift, wenn der Amtsvormund rechtswidrig handelt oder wenn ein Schaden durch das Handeln konkret bevorsteht. Aus diesem Grunde sind Interessenkollisionen zwischen Vormundschaft und dem Umstand, dass der betreffende Mitarbeiter als Mitarbeiter der staatlichen Verwaltung angehört, von vornherein ausgeschlossen. Staatliche Interessen, die sich an der Steuerung der Einwanderung und der Effektivität der Abschiebung orientieren, können die Führung der Vormundschaft nicht bestimmen. Freilich ist der Amtsvormund an die Gesetze gebunden. Im Rahmen dieser Gesetze gilt aber das Kindeswohl als alleiniger Maßstab. Aus diesem Grund ist es Pflicht des Vormunds, Rechtsmittel zu prüfen und im Zweifel auch zu ergreifen, auch wenn diese aus Sicht der Ausländerbehörde nicht mehr als konstruktiv erachtet werden.

Der alltägliche Kontakt des Amtsvormunds zu seinem Mündel ist naturgemäß zeitlich beschränkt, was daran liegt, dass der Vormund meist noch eine Reihe anderer Minderjähriger zu betreuen hat. Das Gesetz bestimmt allerdings, dass die Zahl der zeitgleich geführten Amtsvormundschaften 50 nicht übersteigen dürfe; soweit andere Arbeitsbelastungen noch vorliegen, kann diese Zahl auch niedriger angesetzt sein (§ 55 Abs. 2 SGB VIII). Was den persönlichen Kontakt angeht, so sagt das Gesetz, dass der Vormund das Mündel „in der Regel einmal im Monat in dessen üblicher Umgebung aufsuchen" soll (§ 1793 Abs. 1a BGB). Ob es häufigere oder weniger häufige Besuche geben soll, kann im Einzelfall bestimmt werden.

In vielen Fällen sind es aber auch ehrenamtliche Vormünder, die sich der verantwortungsvollen Aufgabe unterworfen haben, einen UMF rechtlich und persönlich zu begleiten.

1.4 Bezugsbetreuer

Da der Amtsvormund, wie eben gesehen, in seiner Kontaktmöglichkeit eingeschränkt ist und aufgrund der Vielzahl der Fälle nicht jede einzelne Erziehungsmaßnahme ergreifen kann, werden die Betreuer in den jeweiligen Jugendeinrichtungen dazu ermächtigt, solche Entscheidungen selbstständig zu treffen. Hierzu haben diese Betreuer eine Erziehungsvollmacht. Letztendlich sind es die Betreuer, die den UMF persönlich kennen und im Idealfall auch ein Vertrauensverhältnis mit ihm aufgebaut haben. Für das asylrechtliche Verfahren sind diese Betreuer daher wichtig, weil sie oft genauer über das persönliche Schicksal und die Verhältnisse wissen, denen der Minderjährige entflohen ist. Für die asylrechtliche Prüfung ist daher zu empfehlen, dass die Betreuer den UMF zu Terminen beim Bundesamt oder bei Rechtsanwälten begleiten. Auf diese Bedeutung sollte der Betreuer auch gegenüber dem Vormund hinweisen.

IV

Praxis-Tipp:

Die Bezugsbetreuer sollten in die Vorbereitung der Anhörung einbezogen werden.

2. Die qualifizierte Vertretung im Asylverfahren und im ausländerrechtlichen Verfahren

2.1 Europäische Regelungen

Die Europäische Union hat die Schaffung eines gemeinsamen Asylsystems (GEAS) zu ihrem Ziel gesetzt. Dieses GEAS, wie die Abkürzung dazu lautet, ist noch nicht vollendet. Als Eckpunkte bestehen aber derzeit drei Richtlinien, die sich mit der Aufnahme, dem Asylverfahren und den Mindeststandards für eine Schutzgewährung befassen. Es handelt sich um die Aufnahmerichtlinie, die Verfahrensrichtlinie und die sogenannte Qualifikationsrichtlinie. Von der Qualifikationsrichtlinie war oben schon die Rede. Außerdem gibt es die Dublin-III-VO, die regelt, welcher europäische Staat für einen gestellten Asylantrag zuständig ist. Richtlinien sind nach der Dogmatik des Europarechts zunächst nicht unmittelbar bindend, sie verpflichten den einzelnen Mitgliedstaat nur dazu, ein entsprechendes Gesetz im eigenen Land zu erlassen. Erst wenn die Umsetzungsfrist abgelaufen ist, die für eine Richtlinie meist zwei bis drei Jahre lang ist, und die Richtlinie noch nicht umgesetzt worden ist, können sich Privatpersonen auch auf den Inhalt einer solchen Richtlinie berufen.

Die Regelungen des europäischen Asylsystems haben von Anfang an dem Schutz von UMF besondere Bedeutung zugemessen. Aus einer dieser Richtlinien, nämlich der Qualifikationsrichtlinie, stammt auch die oben verwendete Definition des UMF.

Die EU-Verfahrensrichtlinie (Richtlinie 2013/32/EU), die die wesentlichen Eckpunkte des Asylverfahrens und damit auch den Inhalt des deutschen Asylgesetzes vorgibt, fordert von den Mitgliedstaaten, dass sie für einen unbegleiteten Minderjährigen „so bald wie möglich" gewährleisten, „dass ein Vertreter den unbegleiteten Minderjährigen vertritt und unterstützt, damit dieser die Rechte aus dieser Richtlinie in Anspruch nehmen und den sich aus dieser Richtlinie ergebenden Pflichten nachkommen kann" (Art. 25 Abs. 1 lit. a). Und weiter heißt es in diesem Artikel: „Der Vertreter nimmt seine Aufgaben im Interesse des Kindeswohls wahr und verfügt hierfür über die erforderliche Fachkenntnis." Diese Anforderung an die besondere Kompetenz des Vertreters in Gestalt einer Fachkenntnis nennen auch die Aufnahmerichtlinie (in Art. 22) und die Dublin-III-VO (in Art. 6).

2.2 Umsetzung im derzeit geltenden Recht

Eine Umsetzung dieser Vorschriften in das deutsche Recht ist noch nicht erfolgt, obwohl die Umsetzungsfrist hierfür schon am 20.07.2015 abgelaufen ist. Im November 2015 zirkulierte ein Umsetzungsentwurf, der in seinem § 12b Abs. 1 AsylG-Entwurf die Vorgabe hatte, dass dem Minderjährigen durch das Jugendamt eine „geeignete Vertretung zur Seite zu stellen" ist. Diese Umsetzung, die über die inhaltliche Seite der Eignung entgegen der Richtlinie nichts aussagt, ist ersichtlich nicht mehr weiter verfolgt worden. Jedenfalls ist aus den Ministerien kein weiterer Entwurf zur Umsetzung der Richtlinien in diesem Punkt bekannt.

2.3 Die Tandemlösung: Amtsvormund mit einem Rechtsanwalt als Mitvormund oder Ergänzungspfleger

2.3.1 „Hessisches Modell": Ergänzungspfleger (§ 1909 BGB)

Einen Weg, dem Minderjährigen einen gesetzlichen Vertreter mit der nötigen asylrechtlichen Fachkenntnis zuzuweisen, haben einige Familiengerichte in Hessen und angrenzenden Bundesländern gefunden. Man hat den Minderjährigen ergänzend einen Rechtsanwalt oder eine Rechtsanwältin als Ergänzungspfleger mit dem Aufgabenbereich „Asyl- und ausländerrechtliche Entscheidungen und Vertretung" beigeordnet. Dogmatisch geht das über § 1909 Abs. 1 BGB. Wenn ein Vormund in bestimmten Angelegenheiten verhindert ist, kann das Familiengericht hierfür den Ergänzungspfleger bestellen, der dann auf diesem bestimmten Bereich allein das Sorgerecht wahrnimmt. Der Ergänzungspfleger übernimmt für den gesamten Komplex der Aufenthaltssicherung die Verantwortung. Der Rechtsanwalt ist dann nicht mandatiert, sondern er hat ein öffentliches Amt, was auch aus dem Umstand ersichtlich wird, dass er vom Gericht eine Bestallungsurkunde ausgehändigt bekommt.

IV

2.3.2 Kritik in der Rechtsprechung

An dieser Konstruktion haben verschiedene Gerichte Kritik geübt, insbesondere mit dem Argument, dass die fachlichen Defizite eines Vormunds nicht mit der „Verhinderung" gleichzusetzen sei, von der § 1909 Abs. 1 BGB spricht. Im Jahr 2013 hat dann auch der Bundesgerichtshof entschieden, dass mangelnde Fachkenntnisse keinen Grund liefern, einen Ergänzungspfleger zu bestellen. Wolle man ein solches Defizit ausgleichen, müsse ein Rechtsanwalt beauftragt werden. Liest man diese Entscheidung des Bundesgerichtshofs heute nach (BGH, Beschluss v. 29.05.2013, Az.: XII ZB 124/12), stellt man fest, dass es dem höchsten Zivilgericht hier in erster Linie um die finanzielle Seite der Ergänzungspflegschaft ging, die man im Blick hatte. Hierbei ist auch zu beachten, dass der Etat, aus dem die Ergänzungspfleger zu bezahlen sind, der Justiz zugeordnet ist.

2.3.3 Rechtslage heute

Nachdem die Ergänzungspflegschaft vor dem Bundesgerichtshof gescheitert war, hatten verschiedene Amtsgerichte das Konzept der Mitvormundschaft entdeckt (§ 1775 BGB). Dabei ging es um die Bestellung zweier Vormünder, einem Amtsvormund für die allgemeinen Aufgaben, und einem zweiten für den Wirkungskreis Aufenthalt und Asyl. Allerdings flammte auch hier die Diskussion auf, ob der Mitvormund wirklich gerechtfertigt sei. Eine wesentliche Änderung der Betrachtung ergab sich dann aber aus dem Umstand, dass die Umsetzungsfrist der fraglichen Richtlinien zwischenzeitlich abgelaufen war, so dass sich die Familienrichter hierbei zur Bestellung des anwaltlichen Ergänzungspflegers oder Mitvormunds verpflichtet sahen. Hierbei spielte das Argument eine große Rolle, dass das Europarecht von einem Vertreter mit Fachkenntnissen sprach, der eben diese Fachkenntnisse selbst haben müsse. Damit war aber das Hauptgegenargument des Bundesgerichtshofs entkräftet, dass der Vormund den asylrechtlich versierten Anwalt als Dritten beauftragen könne. Eine weitere Entscheidung des Bundesgerichtshofs, die nach Ablauf der Umsetzungsfrist ergangen wäre, gibt es nicht. Das hat zur Folge, dass die Haltung der Gerichte zu dieser Frage trotz der besseren Gründe für die Anerkennung von Ergänzungspflegschaft und Mitvormundschaft noch immer uneinheitlich ist.

Praxis-Tipp:

Das Jugendamt sollte bereits im Antrag auf die Einrichtung der Vormundschaft beantragen, dass ein namentlich bezeichneter Rechtsanwalt zum Ergänzungspfleger oder Mitvormund für den Wirkungsbereich Asyl und Aufenthalt bestimmt wird. Zur Begründung dieses Antrags kann auf die Entscheidung des Amtsgerichts Heidelberg, Beschluss v. 21.07.2015, veröffentlicht in JAmt, 11/2015, S. 581, verwiesen werden.

2.3.4 Ausblick

Die Jugendämter haben auf die EU-Vorgaben nicht nur dahin reagiert, beim Familiengericht die Beiordnung asylrechtlich erfahrener Rechtsanwälte zu beantragen, sondern auch damit, Schulungsmaßnahmen für ihre eigenen Mitarbeiter zu organisieren.

Durch die neue bundesweite Verteilung von UMF auf alle Kommunen wurden zudem auch Jugendämter mit dieser Gruppe befasst, die bis dahin keine Praxis auf dieser Seite hatten. Verschärft wurde die Notwendigkeit für Schulungen aber auch wegen der vielen gesetzlichen Neuregelungen auf dem Gebiet des Asylrechts.

Wie es mit dem „geeigneten Vertreter" für UMF weitergeht, hängt aber auch davon ab, wie der Bundesgesetzgeber diese Frage interpretiert. Hier ist sehr viel Spielraum, was die Definition der Eignung anbetrifft. Allerdings, auch das ist klar, haben sich alle diese Diskussionen immer an dem Kindeswohl zu orientieren, das die europäische Gesetzgebung hier dominiert.

V. Die zwei Wege der Aufenthalts-sicherung

1. Aufenthaltssicherung – Überblick

Sind alle Probleme hinsichtlich der Verteilung, Unterbringung und rechtlichen Vertretung des UMF geklärt, muss sich der Fokus in aller Regel auf dessen Aufenthaltssicherung richten (*in aller Regel*, weil UMF in seltenen Fällen den Wunsch äußern, in ihr Herkunftsland zurückzukehren – zu dieser Thematik findet sich ein kurzer Exkurs am Ende dieses Abschnitts).

Die Aufenthaltssicherung kann auf unterschiedlichen Wegen gelingen. Zu unterscheiden sind insbesondere der *asylrechtliche* Weg einerseits und der *aufenthaltsrechtliche* Weg andererseits. Jede aufenthaltsrechtliche Beratung eines Ausländers kommt zu dem Punkt, die Vor- und Nachteile einer asylrechtlichen gegenüber einer rein aufenthaltsrechtlichen Lösung zu ergründen und aufzuzeigen. Diese beiden Wege stehen gesondert nebeneinander. Beide Wege manifestieren sich an zwei verschiedenen Typen von Gründen und sie werden nach außen erkennbar durch die Existenz und Zuständigkeit zweier verschiedener Behörden.

V

Dass es eben neben dem Asylverfahren auch das aufenthaltsrechtliche Verfahren gibt, ist bei UMF aus den sogenannten sicheren Herkunftsstaaten (§ 29a AsylG) besonders zu beachten. Hier ist es möglicherweise ratsam, die Aufenthaltssicherung nicht mit einem Asylverfahren zu versuchen, weil hier umgehend ein Erwerbsverbot eintritt, das sich auch noch auf die Zeit der Duldung nach einer Ablehnung erstrecken kann. Bei UMF wirkt ein Erwerbsverbot umso drastischer, als damit auch die berufliche Ausbildung ausgeschlossen ist. Das ist eine Konsequenz, die unbedingt zu beachten ist.

1.1 Die asylrechtliche Lösung

Das Asylrecht ist zielstaatsbezogen. Es stellt die Frage, ob es erlaubt ist, einen Menschen in den Herkunftsstaat abzuschieben, oder ob ihm dort nicht Verfolgung, ein ernsthafter Schaden, eine Menschenrechtsverletzung oder Gefahr für Leib drohen. Als Staat sich durch eine Abschiebung des Ausländers mittelbar für eine solche Verletzung von Menschenrechten verantwortlich zu machen, widerspricht unserer Rechtsordnung. Dafür gibt es die Genfer Konvention, das Asylgrundrecht und die anderen Schutztatbestände in den deutschen und europäischen Rechtsgrundlagen. Die Prüfung, ob in dem anderen Staat eine solche Gefahr tatsächlich besteht, wird vom

Bundesamt für Migration und Flüchtlinge durchgeführt. Es ist die hierfür allein zuständige Behörde (§ 5 Abs. 1 AsylG).

1.2 Die aufenthaltsrechtliche Lösung

Die aufenthaltsrechtliche Lösung sieht anders aus; sie fragt nach den Gründen, die in der Bundesrepublik bestehen. Das sind Gründe, die ein Bleiben des Ausländers nahelegen, weil er in Deutschland integriert ist, eine Ausbildung durchlaufen oder eine berufliche Zukunft hat. Für manche Zwecke genügt auch, dass er schon längere Zeit hier lebt und er damit einen Bestand an schützenswerten Rechten erworben hat. Ein wichtiger weiterer Grund kann aber auch in dem Umstand bestehen, dass enge Familienangehörige des Ausländers in Deutschland leben, die ein eigenes Aufenthaltsrecht haben (wenn außerdem feststeht, dass eine Trennung von ihnen rechtlich nicht zumutbar ist). Dieser Lösungsweg kommt ohne den Blick auf den Herkunftsstaat aus. Zuständig für die Prüfung solcher Gründe ist die Aufenthaltsbehörde am Wohnsitz des Ausländers.

V

2. Verschiedene Papiere und Titel

Die Aufenthaltssicherung kann, wie bereits gesagt, auf unterschiedlichen Wegen gelingen. Im Idealfall gelingt es dem UMF auf einem dieser Wege, seinen Aufenthalt nach und nach zu verfestigen und schließlich vollständig zu sichern. Je nach eingeschlagenem Weg und aktuellem Status erhält der Jugendliche unterschiedliche Papiere bzw. Titel, welche nachstehend kurz beschrieben werden sollen.

Typischerweise wird dem neueingereisten UMF zunächst lediglich ein *Aufenthaltspapier* ausgestellt. Zur Gruppe der Aufenthaltspapiere sind die *Duldung* sowie die während des Asylverfahrens verwendeten Papiere *(Aufenthaltsgestattung, BÜMA, Ankunftsnachweis)* zu zählen. Eine zwingende Reihenfolge der Aufenthaltspapiere gibt es nicht – so ist es z. B. denkbar, dass ein neuankommender UMF sich zunächst einige Zeit mit einer Duldung in Deutschland aufhält, dann die Papiere zur Durchführung eines Asylverfahrens erhält und anschließend – nach erfolglosem Asylverfahren – wieder in die Duldung zurückfällt. Wird das Asylverfahren hingegen erfolgreich abgeschlossen, erhält der UMF einen *Aufenthaltstitel*, die *Aufenthaltserlaubnis*. Nach einigen Jahren mit einer Aufenthaltserlaubnis besteht dann die Möglichkeit für den Jugendlichen, an einen unbefristeten Aufenthaltstitel, die *Niederlassungserlaubnis*, zu gelangen.

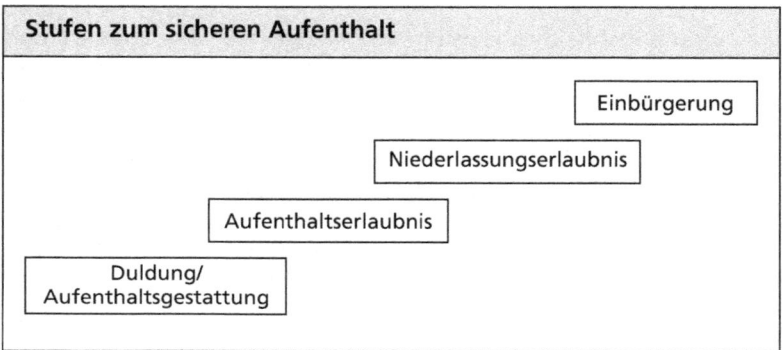

Ebenfalls nach einigen Jahren des rechtmäßigen Aufenthalts kann sich die Möglichkeit der *Einbürgerung* bieten. Daraus ergeben sich folgende **Stufen zum sicheren Aufenthalt**:

Stufen zum sicheren Aufenthalt

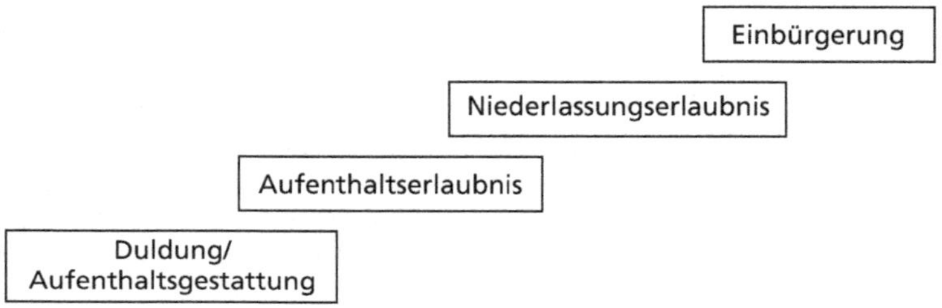

Zu den Papieren und Titeln im Einzelnen:

2.1 Duldung

Eine Duldung ist eine Bescheinigung über die vorübergehende Aussetzung der Abschiebung (§ 60a Abs. 2 AufenthG). Es handelt sich hierbei nicht um einen Aufenthaltstitel, sondern lediglich um das Aufenthaltspapier, mit dem der Aufenthalt von ausreisepflichtigen Personen im Bundesgebiet bescheinigt wird.

Geduldet wird, wessen Abschiebung trotz entsprechender Ausreisepflicht nicht durchgeführt wird. Dafür gibt es einen Grund, den *Duldungsgrund* (oder auch mehrere *Duldungsgründe*). Dies bedeutet im Umkehrschluss, dass derjenige nicht (mehr) geduldet wird, bei dem keiner der Duldungsgründe mehr vorliegt.

Die Duldung wird von der zuständigen Ausländerbehörde ausgestellt. Der darin vermerkte Gültigkeitszeitraum kann von einigen Tagen bis zu mehreren Monaten variieren.

Wichtig: Es wird zwar teilweise angenommen, dass die Duldung *konstitutiv* sei, also erst frühestens mit dem Ablauf des aufgedruckten Gültigkeitsdatums ablaufen würde. Die Behörden vertreten hierzu jedoch häufig eine andere Auffassung, weshalb man sich sicherheitshalber nicht auf das in der Duldung vermerkte Gültigkeitsdatum verlassen sollte – ist auch der letzte Duldungsgrund entfallen, wird die Ausländerbehörde zeitnah die für eine Abschiebung notwendigen Schritte einleiten und sich damit nicht etwa bis zum im Duldungspapier genannten Datum Zeit lassen.

2.1.1 Duldungsgründe

Duldungsgründe können *tatsächlicher* oder *rechtlicher* Art sein (§ 60a Abs. 2 Satz 1 AufenthG). Außerdem können *dringende humanitäre oder persönliche Gründe* für eine Aussetzung der Abschiebung sprechen (§ 60a Abs. 2 Satz 3 AufenthG).

Beispiele für Duldungsgründe *tatsächlicher* Art sind:

- Fehlende Identitätsklärung

  Lässt sich nicht feststellen, mit wem die Behörde es zu tun hat, ist die Durchführung der Abschiebung schon deshalb nicht möglich, weil ungeklärt bleibt, mit welchem Staat die (Rück-)Übernahme zu diskutieren wäre.

- Nichtexistierende Reiseverbindungen

  Gemeint ist hiermit das Nichtvorliegen von Möglichkeiten für den Betroffenen, auf dem Land-, Wasser oder Luftweg in sein Herkunftsland zurückzukehren.

- Fehlende „Heimreisedokumente"

  Um eine Abschiebung durchführen zu können, benötigen die Behörden beider Länder (also die Bundesrepublik als „abgebender" und das jeweils andere Land als „aufnehmender" Staat) Nachweise, aus denen die Identität und die Staatsangehörigkeit des Betroffenen hervorgehen. In der Regel handelt es sich hierbei um den Nationalpass. Dieser ist die Verkörperung eines fortwährenden Rückübernahmeversprechens und einer Unterschutzstellung des Inhabers. Liegt kein Nationalpass vor (und kann ein solcher auch nicht beschafft werden), besteht noch die Möglichkeit, die Abschiebung unter Zuhilfenahme anderer „Heimreisedokumente" durchzuführen. Wenn also der aufnehmende Staat im Kontakt mit den deutschen Behörden schriftlich die Identität und Staatsangehörigkeit der abzuschiebenden Person bestätigt, ist die Durchführung der Abschiebung auch ohne Nationalpass denkbar (die schriftliche Bestätigung des „aufnehmenden" Staates wird häufig als *Laissez passer Papier* bezeichnet). Insbesondere in Fällen, in denen fehlende Heimreisedokumente der einzige Duldungsgrund sind, sind die Ausländerbehörden sehr darauf bedacht, dass der Betroffene Bemühungen zur Passbeschaffung unternimmt. Verweigert dieser aus Sicht der Ausländerbehörde die Mitwirkung an der Passbeschaffung, drohen Sanktionen (wie etwa extrem kurze Duldungszeiträume, Verbot der Arbeitsaufnahme, Strafverfahren wegen Passlosigkeit oder Leistungskürzungen).

- Reiseunfähigkeit aus gesundheitlichen Gründen

  Der Gesetzgeber hat diese Möglichkeit der Duldung durch das sogenannte Asylpaket II im März 2016 erheblich eingeschränkt. § 60a Abs. 2c AufenthG normiert nunmehr eine Vermutung, wonach einer Abschiebung gesundheitliche Gründe nicht entgegenstehen sollen. Diese gesetzgeberische Aushebelung des Amtsermittlungsgrundsatzes wird ergänzt durch die Verpflichtung, ärztliche (nicht: psychologische) Atteste, die diese Vermutung widerlegen können, unverzüglich vorlegen zu müssen (§ 60a Abs. 2d AufenthG).

Eine *rechtliche* Unmöglichkeit der Abschiebung kann sich u. a. ergeben aus:

- einer fehlenden minderjährigengerechten Unterbringung im Zielstaat.

  § 58 Abs. 1a AufenthG formuliert, dass sich die Behörde vor der Abschiebung eines unbegleiteten minderjährigen Ausländers zu vergewissern hat, dass dieser im Rückkehrstaat einem Mitglied seiner Familie, einer zur Personensorge berechtigten Person oder einer geeigneten Aufnahmeeinrichtung übergeben wird. Diesen UMF-spezifischen Duldungsgrund gilt es unbedingt zu beachten, wenn es darum geht, den Aufenthalt des Kindes oder Jugendlichen kurzfristig sicherzustellen. In einer Vielzahl der Fälle lässt sich hierüber erreichen, dass bis zum 18. Geburtstag des UMF keine Abschiebung stattfindet.

- einem laufenden Inobhutnahmeverfahren.

  Wurde ein UMF bereits (dauerhaft) in Obhut genommen, jedoch durch das zuständige Familiengericht noch kein Vormund bestellt, sollte bei der Ausländerbehörde vorgesprochen und die Ausstellung einer Duldung beantragt werden. Dies gilt ebenso für die Zeit, in der bereits ein Vormund (und ggf. zusätzlich ein Ergänzungspfleger oder Mitvormund) durch das Familiengericht bestellt wurde(n), diese(r) aber noch keinen Asylantrag gestellt haben/hat. Dieses Vorgehen erscheint bereits deshalb sinnvoll, weil der Jugendliche sich dann bei einer etwaigen Polizeikontrolle ausweisen kann. Zuvor ist mit dem Jugendlichen aber unbedingt die Schreibweise seines Namens und – erneut – sein Geburtsdatum zu klären.

Eine Duldung wegen *dringender persönlicher Gründe* ist gemäß § 60a Abs. 2 Satz 4 ff. AufenthG zu erteilen, wenn der Ausländer eine qualifizierte Berufsausbildung aufnimmt oder aufgenommen hat, die Voraussetzungen nach Absatz 6 nicht vorliegen (der Ausländer also nicht Staatsangehöriger eines sicheren Herkunftsstaates nach § 29a AsylG ist und sein nach dem 31.08.2015 gestellter Asylantrag abgelehnt wurde) und konkrete Maßnahmen zur Aufenthaltsbeendigung nicht bevorstehen. In diesen Fällen wird die Duldung für die im Ausbildungsvertrag bestimmte Dauer der Berufsausbildung erteilt. Dieser Duldungsgrund hatte bereits in seiner alten Fassung (die u. a. noch eine Altersgrenze von 21 Jahren vorsah) eine große Bedeutung für die praktische Arbeit mit UMF. Durch die vorstehend zitierte Neuregelung im Integrationsgesetz (in Kraft seit dem 06.08.2016) hat sich der Anwendungsbereich nochmals erweitert. Zu den Einzelheiten der Duldungserteilung bei Aufnahme einer qualifizierten Berufsausbildung siehe unter Kapitel XI (Aufenthaltssicherung ohne/nach gescheitertem Asylverfahren).

Praxis-Tipp:

Gerade weil der Frage nach dem Vorliegen eines Duldungsgrundes eine erhebliche Bedeutung zukommt, sollte dieser in das Duldungspapier eingetragen werden, um eine Kontrolle des aktuellen Sachstandes zu ermöglichen. Die Eintragung findet jedoch längst nicht immer statt. Während der Vorsprache bei der Ausländerbehörde sollte daher auf die Eintragung gedrungen werden.

2.1.2 Besonderheiten in Zeiten mit einer Duldung

In den Zeiten mit einer Duldung bestehen einige Einschränkungen für den Betroffenen. Dieser muss damit rechnen, eine *Wohnsitzauflage* erteilt zu bekommen, solange er sich im Jugendhilfe-/Sozialleistungsbezug befindet. Außerdem besteht gemäß § 61 AufenthG in den ersten drei Monaten der Duldung (in Ausnahmefällen länger, z. B. wenn die Abschiebung bevorsteht, vgl. § 61 Abs. 1c AufenthG) eine *Residenzpflicht*, also eine räumliche Beschränkung der Bewegungsfreiheit.

Wichtig: *Wohnsitzauflage* und *Residenzpflicht* sind unbedingt voneinander zu unterscheiden: Wird eine Wohnsitzauflage erteilt, bestimmt der Staat, wo der Betroffene seinen Wohnsitz nehmen darf. Bei der Residenzpflicht (Formulierung im Gesetz: *räumliche Beschränkung*) legt der Staat fest, wo jemand sich aufhalten darf. Beide Maßnahmen sind sehr umstritten, weil es sich um erhebliche Eingriffe in die individuellen Rechte des Betroffenen handelt. Die Residenzpflicht ist dabei allerdings die einschneidendere Einschränkung.

Außerdem ist vor der Aufnahme einer *Beschäftigung* oder einer Ausbildung die *Genehmigung durch die Ausländerbehörde* nötig. Achtung: Auch Praktika können genehmigungsbedürftig sein.

Beispiel:

Der 17-jährige Ghanaer G ist Waise und hat auch sonst keine Familienmitglieder mehr. Sein Asylverfahren ist erfolglos verlaufen. Ihm wird von der zuständigen Ausländerbehörde in Deutschland am 10.02.2016, zwei Monate vor seinem 18. Geburtstag am 10.04.2016, eine Duldung ausgestellt, weil er nicht im Besitz eines Passes oder sonstiger Identitätspapiere ist und die Abschiebung daher aus tatsächlichen Gründen nicht durchgeführt werden kann. Im Duldungspapier steht: „gültig bis 31.08.2016". Am 10.06.2016 erhält die Ausländerbehörde vom Ghanaischen Konsulat Heimreisedokumente für den G.

G kann sich zunächst noch auf zwei Duldungsgründe berufen: auf den der fehlenden Heimreisedokumente und auf § 58 Abs. 1a AufenthG, weil in seinem Herkunftsland eine minderjährigengerechte Unterbringung mangels familiärem Anschluss nicht möglich ist. Sodann treten jedoch aus Sicht des G zwei negative Änderungen der Situation ein: Erst wird er volljährig, was den Duldungsgrund des § 58 Abs. 1a AufenthG entfallen lässt. Anschließend fällt auch der Duldungsgrund der fehlenden Heimreisedokumente weg, weil ein Pass ausgestellt wurde. Die Ausländerbehörde dürfte hier umgehend damit beginnen, die Abschiebung zu organisieren – unabhängig davon, dass in der Duldung ein Gültigkeitsdatum vermerkt ist, welches noch über zwei Monate in der Zukunft liegt.

Eine aus Sicht der Betroffenen begrüßenswerte Neuerung hat das Integrationsgesetz in Bezug auf die (bis dahin in den ersten 15 Monaten mit einer Duldung ausnahmslos notwendigen) *Vorrangprüfung* gebracht – diese soll bis zum 05.08.2019 nur noch in einigen Bezirken mit höheren Arbeitslosenquoten nötig sein (vgl. § 32 Abs. 5 BeschV; die Liste der Bezirke, in denen keine Vorrangprüfung mehr stattfinden soll, findet sich im Anhang der Beschäftigungsverordnung, Stand August 2016 war eine Vorrangprüfung nur noch in folgenden Arbeitsagentur-Bezirken zu überstehen: Mecklenburg-Vorpommern flächendeckend; Bayern in Aschaffenburg, Augsburg, Bamberg-Coburg, Bayreuth-Hof, Fürth, München, Nürnberg, Passau, Schweinfurt, Traunstein, Weiden; NRW in Bochum, Dortmund, Duisburg, Essen, Gelsenkirchen, Oberhausen, Recklinghausen).

2.2 Papiere während des Asylverfahrens

2.2.1 Unterscheidung Asylgesuch und Asylantrag

Um die verschiedenen Papiere während des Asylverfahrens darstellen zu können, bedarf es vorab einer kurzen Begriffsklärung:

Zwingend zu unterscheiden sind das *Asylgesuch* und der (formale) *Asylantrag*. Gesetzlich findet diese Unterscheidung ihren Niederschlag in § 13 AsylG einerseits (Asylgesuch) und § 14 AsylG (Asylantrag) andererseits (Vorsicht: Im Gesetz werden sowohl Asylgesuch als auch formaler Antrag mit „Asylantrag" bezeichnet – dies ist leider missverständlich).

Das Asylgesuch ist die Äußerung eines Schutzbegehrens gegenüber einer staatlichen Stelle. Dabei werden weder an die Form noch an den Adressaten der Äußerung besonders hohe Ansprüche gestellt. Das Asylgesuch kann also mündlich oder schriftlich, per Telefon oder Fax, persönlich oder über einen Boten gegenüber einer deutschen Behörde zum Ausdruck gebracht werden (nicht ausschließlich gegenüber den später damit befassten Behörden; denkbar ist beispielsweise auch ein Asylgesuch gegenüber einem Haftrichter). Es ist auch nicht entscheidend, ob das Asylgesuch in deutscher Sprache vorgebracht wird. Entscheidend ist lediglich, dass aus einer Äußerung des Betroffenen erkennbar werden kann, dass er in Deutschland Schutz vor Verfolgung sucht. Der formale Asylantrag ist hingegen an bestimmte Formen gebunden (vgl. § 14 AsylG) und soll auch nur beim BAMF gestellt werden können. Für UMF müssen Asylanträge z. B. schriftlich bei der Zentrale des BAMF

V

gestellt werden. Aus dieser Unterscheidung ergibt sich, dass die Äußerung eines Asylgesuchs für den Schutzsuchenden mit deutlich weniger bürokratischen Hürden verbunden ist als der Asylantrag. Typischerweise erfolgt die Äußerung eines Asylgesuchs direkt an der Grenze bzw. während des ersten Behördenkontakts im Inland. Die formale Antragstellung wird hingegen häufig erst deutlich später ermöglicht. Durch die Überlastung des BAMF, welche schon weit vor der sogenannten Flüchtlingskrise ab Sommer 2015 chronisch wurde, dauert es regelmäßig mehrere Monate bis der Betroffene zwecks Antragstellung vorsprechen darf (durch die Einrichtung von sogenannten Ankunftszentren hat das BAMF diese missliche Situation inzwischen verbessert).

Der vorstehend beschriebene zeitliche Ablauf (Asylgesuch unmittelbar nach/bei der Einreise, anschließend – häufig nach vielen Monaten Wartezeit – die formale Antragstellung) ist die Erklärung dafür, dass Schutzsuchende während ihres Asylverfahrens nicht nur ein einziges, sondern in der Regel drei Aufenthaltspapiere benötigen: die *BÜMA*, den *Ankunftsnachweis* und die *Aufenthaltsgestattung*.

2.2.2 BÜMA und Ankunftsnachweis

Weil es durch die behördliche Überlastung in vielen Fällen nicht mehr möglich war, dem Schutzsuchenden zeitnah nach seinem Asylgesuch die formale Antragstellung, welche die Ausstellung einer *Aufenthaltsgestattung* ermöglicht, zu ermöglichen, wurde vom BAMF die BÜMA (Bescheinigung über die Meldung als Asylsuchender) in die Praxis eingeführt, um die Betroffenen in der Zeit zwischen Asylgesuch und Antragstellung nicht ohne jeglichen Nachweis hinsichtlich ihrer aktuellen rechtlichen Stellung zu lassen. Die BÜMA ist ein weißes DIN-A4-Blatt mit einem Foto des Betroffenen sowie Angaben zur Person, dem Familienstand, dem Einreisedatum und der zuständigen Außenstelle des BAMF. Sie enthält außerdem ein vorübergehendes Aktenzeichen, welches jedoch nicht mit dem des späteren Asylverfahrens zu verwechseln ist (das Aktenzeichen in der BÜMA hat auch keine „Länderkennung", aus der sich das Herkunftsland des Registrierten ergibt).

Mit der BÜMA wird also bestätigt, dass sich der Betroffene zum Zwecke der Asylantragstellung in Deutschland befindet. Oder einfach gesagt: Eine Person, der eine BÜMA ausgestellt wurde, hat

- ein Asylgesuch geäußert und
- noch keinen formalen Asylantrag gestellt.

Praxis-Tipp:

Die BÜMA wurde vom Gesetzgeber zwar im Asylpaket I (in Kraft getreten am 24.10.2015) erstmals geregelt (§ 63a AsylG a. F.), wird von den Behörden aber schon seit vielen Jahren verwendet – es ist also nicht ungewöhnlich, wenn sich in Unterlagen von Betroffenen eine alte BÜMA aus der Zeit vor der gesetzlichen Regelung findet.

Als Nachteil der BÜMA hat sich jedoch erwiesen, dass sie von Bundesland zu Bundesland unterschiedlich gestaltet wurde, leicht vervielfältigt werden konnte und von den Betroffenen auch nicht als wichtiges offizielles Dokument wahrgenommen wurde. Der Gesetzgeber hat aus diesen Gründen die Notwendigkeit gesehen, ein besser geeignetes Dokument für die Phase zwischen Asylgesuch und formaler Antragstellung einführen zu müssen. Seit Februar 2016 wird nun (bei der Erstausstellung: vom BAMF) der *Ankunftsnachweis* ausgegeben. Wie die BÜMA bescheinigt der Ankunftsnachweis die Registrierung des Betroffenen als Asylsuchender und enthält neben einem vorläufigen Aktenzeichen die wichtigsten Daten zur Person sowie Angaben über die zuständige Aufnahmeeinrichtung. Darüber hinaus werden zwecks Ausstellung eines Ankunftsnachweises deutlich mehr Daten abgefragt als bei der BÜMA (etwa Angaben zur bisherigen Schul- oder Berufsausbildung). Der Ankunftsnachweis wird – wie z. B. die Duldung, die Aufenthaltsgestattung oder die Fiktionsbescheinigung – auf von der Bundesdruckerei hergestelltem Dokumentenpapier herausgegeben, ist mit Sicherheitsmerkmalen versehen und maschinenlesbar. Durch eine gesetzgeberische Klarstellung im Integrationsgesetz (vgl. § 55 Abs. 1 AsylG und § 87c AsylG) besteht zudem nunmehr Sicherheit darüber, dass Inhaber des Ankunftsnachweises Sozialleistungen beziehen können.

V

Wichtig: Für UMF sind die *BÜMA* und der *Ankunftsnachweis* ohne Bedeutung, da dem Aufgriff oder der Selbstmeldung des UMF die vorläufige und anschließend die dauerhafte Inobhutnahme folgt, während derer eine Duldung erteilt wird und sodann – nach der

Asylantragstellung – ohne die Zwischenschritte BÜMA und Ankunftsnachweis eine *Aufenthaltsgestattung* ausgestellt wird.

2.2.3 Aufenthaltsgestattung

Die bereits mehrfach erwähnte *Aufenthaltsgestattung* ist das Aufenthaltspapier für die Dauer des Asylverfahrens nach der formalen Antragstellung. Sie wird von der zuständigen Ausländerbehörde ausgestellt. Weil bei UMF der Asylantrag schriftlich gestellt wird, ist in deren Asylverfahren der korrekte Zeitpunkt der Ausstellung einer Aufenthaltsgestattung umstritten. § 55 Abs. 1 AsylG sieht vor, dass in den Fällen, in denen kein Ankunftsnachweis ausgestellt wird, die Aufenthaltsgestattung mit der Stellung des Asylantrags entsteht. In der Praxis verweigern die Ausländerbehörden in derartigen Situationen jedoch regelmäßig – und gegen den Gesetzeswortlaut – die Ausstellung einer Aufenthaltsgestattung mit dem Hinweis, dass das Aktenzeichen des BAMF noch nicht bekannt sei (und folglich nicht in das Gestattungspapier eingetragen werden könne). Verlangt wird daher, dass erst die Eingangsbestätigung des Bundesamtes abgewartet werden solle.

Praxis-Tipp:

Besteht eine besondere Dringlichkeit hinsichtlich der Ausstellung einer Aufenthaltsgestattung, kann versucht werden, mittels Fax-Sendebelegs oder Einschreibebelegs bei der Ausländerbehörde die Antragstellung nachzuweisen und unter Verweis auf § 55 Abs. 1 AsylG auf Ausstellung einer Aufenthaltsgestattung zu pochen.

Die Aufenthaltsgestattung erlischt mit der Entscheidung über den Asylantrag, unabhängig vom aufgedruckten Gültigkeitsdatum. Wurde bestandskräftig über den Asylantrag entschieden, ist der Betroffene nicht mehr gestattet. Er fällt dann – sofern Duldungsgründe vorliegen – in den Zustand der Duldung zurück oder erhält – wenn das Asylverfahren für ihn positiv verlaufen ist – eine Aufenthaltserlaubnis.

In Zeiten mit einer Aufenthaltsgestattung muss der Betroffene mit der sogenannten Residenzpflicht (also der räumlichen Beschränkung seiner Bewegungsfreiheit) leben, seit Januar 2015 allerdings nur in den ersten drei Monaten des Aufenthalts, danach lediglich noch in Ausnahmefällen, §§ 59a und 59b AsylG. Die Zeit, in denen eine Residenzpflicht eingehalten werden muss, beginnt nicht neu, wenn der UMF von der Duldung in die Aufenthaltsgestattung wechselt (vgl. § 59a AufenthG: „ununterbrochen erlaubt, geduldet oder gestattet im Bundesgebiet"). Wenn ein UMF also nach seiner Ankunft bereits fünf Monate geduldet wurde, dann ein Asylantrag gestellt wird und er von der Ausländerbehörde eine Aufenthaltsgestattung erhält, darf darin nicht erneut eine Residenzpflicht vermerkt sein.

Praxis-Tipp:

Soll eine Klassenfahrt, ein mehrtägiger Ausflug einer Jugendhilfeeinrichtung, eine Fahrt mit einem Verein o. Ä. in ein anderes Bundesland oder sogar ins europäische Ausland stattfinden und in der Klasse bzw. Einrichtung befinden sich Kinder oder Jugendliche, die unter eine Residenzpflicht fallen, ist es nötig, sich mit der örtlichen Ausländerbehörde in Verbindung zu setzen. Diese hat die Möglichkeit, eine sogenannte *Verlassenserlaubnis* zu erteilen. Bei Reisen ins europäische Ausland kann eine sogenannte *Schülersammelliste* erstellt werden.

V

Wie bei der Duldung ist in Zeiten mit einer Aufenthaltsgestattung vor der Aufnahme einer Beschäftigung oder einer Ausbildung die Genehmigung durch die Ausländerbehörde nötig, Praktika können ebenfalls genehmigungsbedürftig sein. Praktika, die unter das Mindestlohngesetz fallen, sind zustimmungsbedürftig. Für genehmigungsbedürftige Praktika wurde durch das Integrationsgesetz die Vorrangprüfung in weiten Teilen des Landes bis 2019 ausgesetzt (siehe oben für die insoweit identische Liste der Bezirke, in denen es bei der Vorrangprüfung bleibt).

Im Unterschied zu Zeiten mit einer Duldung muss während des Asylverfahrens kein Nationalpass beschafft werden. Dies folgt der Logik, dass dem Betroffenen in dieser Phase, in der sein Verfolgungsschicksal noch nicht abschließend geprüft ist, nicht auferlegt werden kann, mit der konsularischen Vertretung seines Verfolgerstaates zur Passbeschaffung in Kontakt zu treten. Mit der Aufenthaltsgestattung genügt sein Inhaber folgerichtig für die Dauer des Asylverfahrens der Passpflicht (§ 64 Abs. 1 AsylG).

2.3 Aufenthaltserlaubnis

Im Gegensatz zur Duldung oder Aufenthaltsgestattung ist die Aufenthaltserlaubnis ein *Aufenthaltstitel* und damit der erste wichtige Schritt zur dauerhaften Sicherung des Aufenthalts. Eine Aufenthaltserlaubnis ist immer befristet und zweckgebunden, sie wird verlängert, wenn die Voraussetzungen (also der Zweck des Aufenthalts) weiter vorliegen.

Das Aufenthaltsgesetz enthält zahlreiche Möglichkeiten für die Ausländerbehörden, Aufenthaltserlaubnisse erteilen zu können, für die Arbeit mit UMF von besonderer Bedeutung sind die Erteilungsmöglichkeiten nach Abschluss eines erfolgreichen Asylverfahrens (§ 25 AufenthG) sowie bei gelungener Integration (z. B. § 25a AufenthG).

Bei der Beantwortung der Frage, ob eine Aufenthaltserlaubnis zu erteilen ist, ist stets zu überlegen, ob die allgemeinen Erteilungsvoraussetzungen gemäß § 5 AufenthG (u. a. Einreise mit dem dafür erforderlichen Visum, Sicherung des Lebensunterhalts, geklärte Identität, Erfüllung der Passpflicht) vollständig erfüllt sein müssen – oder ob Ausnahmen hiervon vorliegen. Dies ist insbesondere der Fall bei Personen, die erfolgreich ein Asylverfahren durchlaufen haben, vgl. § 5 Abs. 3 AufenthG.

V

Die Aufenthaltserlaubnis ist zwar ein wesentlicher Schritt hin zu einem sicheren Aufenthalt in Deutschland; aller aufenthaltsrechtlicher Sorgen entledigt ist der Betroffene jedoch auch dann nicht. So kann er gegebenenfalls weiterhin einer Zustimmungspflicht der Ausländerbehörde hinsichtlich der Aufnahme einer Erwerbstätigkeit oder Ausbildung unterliegen (dies ist jedoch nicht der Fall, wenn ein erfolgreiches Asylverfahren durchlaufen wurde). Seit einer rechtlichen Änderung durch das Integrationsgesetz kann ihm überdies auch in Zeiten mit einer Aufenthaltserlaubnis eine Wohnsitzauflage drohen – selbst wenn er ein erfolgreiches Asylverfahren durchlaufen hat (§ 12a AsylG)!

Praxis-Tipp:

Hat ein UMF sein Asylverfahren erfolgreich durchlaufen und den Flüchtlingsschutz oder den subsidiären Schutz erhalten, sodann aber eine Aufenthaltserlaubnis mit Wohnsitzauflage ausgestellt bekommen, sollte geprüft werden, ob die Wohnsitzauflage wegen einer in § 12a AufenthG genannten Ausnahmeregelung aufgehoben werden kann. Ist dies nicht der Fall, kann eine Klage gegen die Wohnsitzauflage geprüft werden. Die Rechtmäßigkeit von Wohnsitzauflagen ist stark umstritten, weshalb Klagen dagegen erfolgreich sein können. Zur weiteren Lektüre wird ein Urteil des Europäischen Gerichtshofes empfohlen, mit dem die Luxemburger Richter den Mitgliedstaaten hohe Hürden für die Erteilung von Wohnsitzauflagen für subsidiär Schutzberechtigte gesetzt haben: EuGH, 01.03.2016, Az.: C-443/14 und C-444/14.

2.4 Niederlassungserlaubnis

Die Niederlassungserlaubnis ist ein unbefristeter und nicht zweckgebundener Aufenthaltstitel. Ihr Inhaber ist zur Ausübung einer Erwerbstätigkeit berechtigt, eine räumliche Beschränkung darf ihm gegenüber nicht ausgesprochen werden.

Die Voraussetzungen für die Erteilung der Niederlassungserlaubnis hat der Gesetzgeber in § 9 AufenthG normiert. Eine Erteilung ist demnach erst nach einem mehrjährigen Aufenthalt in Deutschland möglich und überdies mit hohen Anforderungen (Lebensunterhaltssicherung, Rentenbeiträge etc.) verbunden.

V

Wichtig: Das Integrationsgesetz hat für die Betroffenen hinsichtlich der Möglichkeit der Erteilung einer Niederlassungserlaubnis eine Verschlechterung gebracht. Während Personen, denen die Flüchtlingseigenschaft zuerkannt wurde, bisher bereits nach drei Jahren vergleichsweise einfach eine Niederlassungserlaubnis erhalten konnten, wurden die Erteilungsregelungen nunmehr weitgehend jenen angeglichen, die für Personen gelten, welchen nicht die Flüchtlingseigenschaft zugesprochen wurde (siehe § 26 Abs. 3 AufenthG).

2.5 Einbürgerung

Von vielen UMF wird der Erhalt der deutschen Staatsangehörigkeit als weiterer (letzter) Schritt zur Aufenthaltssicherung verstanden. Systematisch scheint dies nicht recht passend zu sein, da es sich bei der Frage, ob eine Person den deutschen Pass erhalten kann, um Staatsangehörigkeits- und nicht um Aufenthaltsrecht handelt. Nichtsdestotrotz ist es nachvollziehbar, dass die Einbürgerung als ein höherer Status als die Niederlassungserlaubnis empfunden wird, da mit der Ausstellung eines deutschen Passes unzweifelhaft zusätzliche Rechte (etwa das Wahlrecht, vgl. hierzu Art. 20 GG und – zur Vertiefung – BVerfGE 83, 37) sowie praktische Vorteile (visafreie Reisemöglichkeiten) verbunden sind.

2.6 Sonstige Papiere

Hin und wieder dürften dem Vormund oder anderen in der UMF-Betreuung tätigen Personen noch weitere Papiere begegnen. Neben dem oben bereits erwähnten *Laissez passer Papier* sind hierbei noch die *Fiktionsbescheinigung* und die *GÜB* zu nennen.

2.6.1 Fiktionsbescheinigung

Personen, die sich rechtmäßig im Bundesgebiet aufhalten oder eine befristete Aufenthaltserlaubnis besitzen, stehen immer wieder vor der Situation, dass die in ihrem Aufenthaltstitel angegebene Zeit abläuft. Um den Betroffenen in solchen Fällen ein weiter bestehendes Recht zu verleihen, während die Behörde den Verlängerungsantrag prüft, gibt es § 81 AufenthG. Dieser Paragraf ordnet an, dass ein Aufenthaltsrecht bei einem Verlängerungsantrag weitergilt, solange der Antrag von der Behörde noch nicht abgelehnt ist. Diese Wirkung wird Fortgeltungs- oder Fiktionswirkung genannt. Damit das auch nach außen erkennbar wird, erhalten die betroffenen Personen eine Fiktionsbescheinigung.

2.6.2 GÜB

Mit der *Grenzübertrittsbescheinigung*, kurz *GÜB*, weist der ausreisepflichtige Ausländer nach, dass er Deutschland bzw. das Gebiet der Schengen-Staaten innerhalb der ihm gesetzten Ausreisefrist verlassen hat. Hierzu muss die Bescheinigung wieder zurück zur ausstellenden Behörde (die für den ausreisenden Ausländer zuständige Ausländerbehörde) gelangen. Der Betroffene muss die GÜB zu diesem Zweck bei der Grenzbehörde (bei einer Ausreise in einen Nicht-Schengen-Staat ohne Zwischenhalt) oder bei der an seinem Ankunftsort zuständigen deutschen Botschaft (bei einer Ausreise in einen anderen Schengen-Staat) abgeben.

Bei UMF kommt es ab und zu vor, dass sie freiwillig wieder ausreisen möchten. Auch in diesen Fällen wird eine GÜB ausgestellt, welche der Betroffene sodann bei der Grenzbehörde bei der Ausreise abgeben muss.

Praxis-Tipp:

Äußert ein UMF den Wunsch nach einer freiwilligen Rückkehr in sein Herkunftsland, sollten zunächst intensive Gespräche mit ihm zu seinen Beweggründen geführt werden. Resultiert der Rückkehrwunsch ausschließlich oder überwiegend auf seiner Frustration über das behördliche Verfahren in Deutschland, sollte unbedingt versucht werden, ihm Lösungsmöglichkeiten aufzuzeigen. Lässt sich der UMF auch nach intensiver Überprüfung der Sache nicht von seinem Wunsch abbringen und liegen nachvollziehbare Gründe für diesen Wunsch vor, kann der Vormund mit IOM (International Organization for Migration) in Kontakt treten, um zu erörtern, ob eine Rückkehrförderung möglich ist. Stimmt der Vormund der Rückkehr zu, obliegt ihm sodann auch die Organisation der Reise.

VI. Die verschiedenen Schutzstatus (Verfolgungs- und Abschiebeschutzgründe)

1. Der Inhalt des Schutzantrages

Mit einem Asyl- oder Schutzantrag möchte der Ausländer eine Entscheidung des BAMF über seinen asylrechtlichen, flüchtlingsrechtlichen oder, wenn man es so nennen möchte, abschiebungsrechtlichen Status erreichen. Gerichtet ist dieser Antrag nämlich auf Schutz vor Abschiebung oder Rückführung in den Staat, in dem ihm Verfolgung oder ein ernsthafter Schaden im Sinne des § 4 AsylG drohen. Im Falle der Stattgabe führt dieser Status zu einem Aufenthaltsrecht und zu vielen weiteren Rechten. Der Asylantrag heißt allerdings immer noch „Asylantrag", obwohl er sehr viel mehr umfasst. Das Bundesamt prüft nämlich die vier folgenden Fragen in der folgenden Reihenfolge:

- Liegt der Status als Asylberechtigter (§ 1 Abs. 1 AsylG, Art. 16a Abs. 1 GG) vor?
- Liegt der Status als Flüchtling (zugleich auch Flüchtling nach der Genfer Konvention, § 3 AsylG, § 60 Abs. 1 AufenthG) vor?
- Liegt der Status als subsidiär Schutzberechtigter (§ 4 AsylG, § 60 Abs. 2 AufenthG) vor?
- Liegen die Voraussetzungen für § 60 Abs. 5 und 7 AufenthG (nationale Abschiebungsverbote) vor?

VI

Natürlich spart sich das Bundesamt unnötige Arbeit und prüft keine Schutztatbestände mehr, wenn bereits der bessere Schutz zuerkannt wird. Wird also z. B. der Flüchtlingsschutz vergeben, werden der subsidiäre Schutz und die nationalen Abschiebungsverbote nicht mehr geprüft. Wird wenigstens der subsidiäre Schutz zuerkannt, findet man in dem Bescheid kein Wort mehr zu den nationalen Abschiebungsverboten.

Praxis-Tipp:

Auch wenn der Flüchtling gegenüber dem BAMF lediglich äußert: „Ich möchte in Deutschland Asyl", führt das dazu, dass ein Asylantrag mit dem oben genannten Inhalt vorliegt. Das Bundesamt prüft dann auch den Flüchtlingsstatus und, wenn dieser nicht vergeben wird, auch weitere Schutztatbestände.

Diese vier Status führen zu verschiedenen Rechten, wie Aufenthaltserlaubnissen, das Recht, arbeiten zu dürfen oder – und das ist zumeist die allerwichtigste Frage in der Praxis – das Recht, seine Familie aus dem Herkunftsland nachkommen zu lassen. Allerdings sind diese Rechte bei den verschiedenen Schutzstatus nicht immer gleich gut. Deswegen ist es schon frühzeitig im Verfahren wichtig, sich diese Unterschiede vor Augen zu führen.

2. Grundrecht auf Asyl (Art. 16a Abs. 1 GG)

Das Asylgrundrecht liefert den ältesten Schutzstatus. Es stammt aus dem Jahr 1949 und wurde bei der Gründung der Bundesrepublik unter dem Eindruck des nationalsozialistischen Terrorregimes und der Flucht vieler ins Exil verabschiedet. „Politisch Verfolgte genießen Asylrecht", so lautet die Grundrechtsnorm noch immer. Zwar hat die Rechtsprechung den Begriff der „politischen Verfolgung" über seine Wortbedeutung hinaus ausgelegt, dann war es aber der Verfassungsgesetzgeber im sogenannten Asylkompromiss 1993, der das Grundrecht in seinem Anwendungsbereich soweit eingeschränkt hat, dass es heute kaum noch eine praktische Rolle spielt. Diese Einschränkung ergab sich dadurch, dass in dem neu geschaffenen Art. 16a Abs. 2 GG jeder Anspruch auf politisches Asyl ausgeschlossen wurde, wenn der Flüchtling über einen gesetzlich definierten sicheren Drittstaat eingereist war. Da aber alle Nachbarstaaten Deutschlands unter diese Definition fallen, führt jede Einreise auf dem Landweg unweigerlich dazu, dass man den Anspruch auf das Asylgrundrecht verliert. Zur Asylberechtigung kann dann nur noch die Einreise auf dem Luftwege führen (oder über einen Seehafen an der Nordsee). Diese Situation wird auch noch dadurch verschärft, dass der Grundsatz der Beweiserleichterung, der sonst für Flüchtlinge gilt, nicht die Einreisemodalitäten erfasst. Damit muss der Flüchtling selber den Nachweis erbringen, dass er ausnahmsweise auf dem Luftwege in die Bundesrepublik gelangt ist. Kann er dann aber keine Flugscheine oder wenigstens die Boarding-Karten vorlegen oder substantiiert erklären, mit welcher Maschine und unter welchem Namen er als Passagier eingereist ist, dann wird er schon allein deswegen mit seinem Antrag auf politisches Asyl scheitern, und zwar unabhängig davon, welche eigentlichen Gründe er für Flucht und Verfolgungsgefahr vorträgt.

Wegen der genannten praktischen Bedeutungslosigkeit soll das Asylgrundrecht hier nicht näher erläutert werden. Es gibt eine immer wieder aufflammende Diskussion darüber, ob ein praktisch nicht relevantes Grundrecht nicht vielleicht besser abzuschaffen wäre. Dem könnte aber mit gleichem Recht dahin entgegengetreten werden, dass es vielleicht die Aufgabe des Verfassungsgesetzgebers wäre, diesem Grundrecht eines Tages die frühere Gestalt wiederzugeben. Im Übrigen ist aus symbolischen und prozessualen Gründen nicht zu unterschätzen, dass es sich hiermit um das einzige Grundrecht handelt, das nur Ausländern zusteht und das somit auch als solches vor dem Bundesverfassungsgericht geltend gemacht werden kann.

3. Flüchtlingseigenschaft nach der Genfer Konvention (§ 3 AsylG, § 60 Abs. 1 AufenthG)

3.1 Grundsatz des Non-Refoulement (Grundsatz der Nichtzurückweisung von Verfolgten)

Die eben genannte weitreichende Einschränkung und die daraus folgende praktische Bedeutungslosigkeit des Asylgrundrechts wären nicht zu verschmerzen, wenn es nicht ein anderes Rechtsinstitut gäbe, das diese Lücke schlösse.

Dieses Rechtsinstitut ist der Flüchtlingsschutz nach der Genfer Konvention, der sich nicht nur in der europäischen Qualifikationsrichtlinie niedergeschlagen hat (dort in den Art. 9 ff. QRL), sondern auch in § 3 AsylG und § 60 Abs. 1 AufenthG. Der immer gleiche – und hier verkürzt zitierte – Inhalt ist der, dass niemand in einen Staat abgeschoben werden darf, in dem ihm Verfolgung aus einem der näher bezeichneten Verfolgungsgründe droht. Dieser Grundsatz der Nichtzurückweisung von Menschen, denen die Verfolgung im Zielstaat droht, hat den Rang eines völkerrechtlichen Verbots und wird in der juristischen Literatur mit dem Schlagwort des „Non-Refoulement" bezeichnet.

VI

3.2 Begründete Furcht vor Verfolgung

Ansatzpunkt der Genfer Konvention und auch der europäischen und deutschen Regelungen zum Flüchtlingsschutz ist die „begründete Furcht" des Ausländers vor dieser Verfolgung. Eine Flüchtlingsanerkennung setzt voraus, dass die Verfolgungsfurcht besteht. Das bedeutet aber nicht, dass es allein bei dem Gefühl von Furcht und dessen subjektiver Färbung bleibt. Hinzu kommt ein weiteres Merkmal, die Furcht muss auch „begründet" sein, weswegen hier ergänzend nach objektiven Anhaltspunkten zu suchen ist, die diese Furcht rechtfertigen. Für die Darlegung der Gründe, die diese Verfolgungsfurcht auslösen, ist der Antragsteller selber in der Pflicht, er muss sie im Rahmen seiner Möglichkeiten schildern (dazu dann mehr in dem Abschnitt zur Anhörung).

Wichtig: Der Antragsteller muss selbst die Tatsachen vortragen, die seine Verfolgungsfurcht begründen (§ 25 Abs. 1 AsylG).

Die begründete Furcht kann dann bejaht werden, wenn dem Ausländer die Verfolgung mit beachtlicher Wahrscheinlichkeit droht.

Wichtig: Bei der Prüfung der Verfolgungsfurcht findet eine Prognose in die Zukunft statt. Es wird ermittelt, ob dem Antragsteller künftig in seinem Herkunftsland Verfolgung im Sinne der Genfer Konvention droht.

3.3 Keine Vorverfolgung (vor der Flucht) erforderlich

Diese begründete Furcht setzt nicht voraus, dass der Antragsteller schon Verfolgungshandlungen an seinem eigenen Leib erfahren hat, wenn er in die Bundesrepublik einreist und sein Schicksal in Deutschland bei der Anhörung schildert.

Es ist zwar richtig, dass die Anhörung durch das Bundesamt hier häufig einen Schwerpunkt hat, was auch aus dem Umstand folgt, dass immer auch nach erlittener Verfolgung gefragt wird und dass viele Geflüchtete von sich aus Verfolgungshandlungen berichten.

Dieser Fokus gibt das Flüchtlingsrecht aber nur unzureichend wieder. Viele Geflüchtete glauben, sie müssten im Herkunftsland Verfolgungshandlungen persönlich erlitten haben, um Schutz in Deutschland finden zu können. Das ist aber falsch. Der Grundsatz ist vielmehr der, dass eine Prognoseentscheidung darüber anzustellen ist, ob einer Person im Falle der Rückkehr Verfolgung droht.

Beispiel:

Wer vom Staatsschutz als Regimekritiker verdächtigt wird, muss nicht schon in einem Gefängnis interniert gewesen sein, um einen Schutz in Deutschland erhalten zu können. Es muss nur die Wahrscheinlichkeit für die Zukunft bestehen, dass er bei seiner Rückkehr verfolgt wird.

Berichtet ein Antragsteller allerdings glaubhaft von einer bereits erlittenen Verfolgung, dann ist dies natürlich bei der Prognoseentscheidung zu berücksichtigen. Denn dann liegt nahe, dass diese Person wieder verfolgt wird, wenn sie in das Land der Verfolgung zurückkehrt. Dazu sagt die Qualifikationsrichtlinie: „Die Tatsache, dass ein Antragsteller bereits verfolgt wurde (...), ist ein ernsthafter Hinweis darauf, dass die Furcht des Antragstellers vor Verfolgung begründet ist (...), es sei denn, stichhaltige Gründe sprechen dagegen (...)" (Art. 4 Abs. 4 QRL).

Das Flüchtlingsrecht geht mit seinem rein in die Zukunft gerichteten Ansatz praktisch noch weiter. Es verlangt nicht nur nicht, dass es bereits vor der Flucht zu einer Verfolgungshandlung gekommen ist. Es setzt nämlich nicht einmal voraus, dass die Verfolgungsgefahr bestanden hat, als jemand sein Heimatland verlassen hat. Die berechtigten Anhaltspunkte und Gründe, die eine Verfolgung bei Rückkehr als wahrscheinlich erscheinen lassen, dürfen daher auch erst nach der Ausreise aus der Heimat – möglicherweise erst Jahre später – entstanden sein. Die Qualifikationsrichtlinie bringt das in Art. 5 zum Ausdruck. Zu berücksichtigen sind daher nachträgliche politische Machtwechsel, Umstürze und Revolutionen im Herkunftsland, auf die ein Ausländer keinen Einfluss hat. Der beispielsweise mit einem Stipendium seines Heimatstaates ins Ausland gereiste junge Student kann im Falle eines zwischenzeitlichen Machtwechsels ohne sein Zutun zum anerkannten Flüchtling werden, weil er als Mitglied der früheren Machtelite gesehen wird und bei einer späteren Rückkehr Repressalien zu befürchten hat. Da es sich bei diesen Gründen um solche handelt, die erst nach der Ausreise – oder nach der Flucht – entstanden sind, spricht man hier auch von den „Nachfluchtgründen".

VI

Weil bei der Beurteilung eben auch an Umstände angeknüpft werden darf, die sich für den Ausländer erst nach der Ausreise aus seiner Heimat ergeben haben, können exilpolitische Aktivitäten, die zu einer Verfolgungsgefahr führen, ebenso berücksichtigt werden, wie etwa ein erst nach der Ausreise vollzogener Glaubenswechsel (religiöse Konversion). Im Unterschied zu dem Beispiel des politischen Machtwechsels im Herkunftsland sind diese zuletzt genannten Gründe aber selbstgeschaffen, was für sich nichts an ihrer Berechtigung nimmt.

Wichtig: Auch nachträglich „selbstgeschaffene" Verfolgungsgründe sind, wenn sie vorliegen, berechtigt und für eine Flüchtlingsanerkennung gültig, weil es ja nur darauf ankommt, dass bei einer Rückkehr die Verfolgungsgefahr droht.

Allerdings müssen diejenigen, die solche selbstgeschaffenen Nachfluchtgründe vortragen (die juristische Literatur spricht hier von sogenannten „subjektiven Nachfluchtgründen"), besonders überzeugend erklären, warum sie nun auf einmal politisch aktiv geworden sind oder ihre religiöse Einstellung geändert haben. Der unterschwellige Vorwurf des Missbrauchs schwingt hier mit, wenn dann über den Betreffenden gemutmaßt wird, dass er sein neues Handeln nur aus asyltaktischen Motiven aufgenommen habe.

Praxis-Tipp:

Für die asylrechtliche Beratung von Minderjährigen können solche Nachfluchtgründe bedeutsam werden, da sich in der letzten Phase der Adoleszenz durchaus neue persönliche Entwicklungen ergeben können, die eine neue Bewertung einer Verfolgungsgefahr im Herkunftsstaat erforderlich machen. Diese neuen Gründe können z. B. in einer neuen politischen Entwicklung, der vertieften Hinwendung zu einer Religion oder auch in der Entdeckung einer bestimmten sexuellen Orientierung liegen.

Bei der Darstellung solcher Gründe ist aber sehr viel Wert auf eine eingehende Schilderung der persönlichen Bewegursachen zu legen.

Das hat auch der Gesetzgeber erkannt und es in § 28 AsylG den jungen Menschen, die ihr Herkunftsland in einem Alter verlassen haben, als sie noch keine politische Haltung ausgebildet haben, ausdrücklich zugestanden, dass sie erst in der Bundesrepublik eine asylerhebliche politische Überzeugung entwickeln, die sogar zu einer Asylanerkennung führen kann.

3.4 Verfolgungsgründe

3.4.1 Überblick

Für den Ausländer oder Antragsteller genügt es nicht, dass er irgendeine Verfolgung fürchtet. Von der Flüchtlingsanerkennung erfasst ist nur die Verfolgung aus den in der Konvention genannten fünf Verfolgungsgründen.

Diese anerkannten Verfolgungsgründe, sie stammen in ihrer sprachlichen Fassung aus dem Jahr 1951, als die Genfer Konvention geschlossen wurde, sind:

- Rasse
- Religion
- Nationalität
- politische Überzeugung
- Zugehörigkeit zu einer bestimmten sozialen Gruppe

Wem wegen dieser genannten Merkmale die Verfolgung droht, ist Flüchtling. Religion und politische Verfolgung sind hier unmittelbar verständlich und Grundlage vieler Anerkennungsentscheidungen. Aber auch das sperrig anmutende Merkmal der Gruppenzugehörigkeit hat sich zuletzt als sehr dynamisch erwiesen. Heute werden hierunter alle Formen der geschlechtsspezifischen Verfolgung oder auch die Verfolgung von Homosexuellen verstanden.

Wichtig: Behauptet jemand, verfolgt zu werden, fällt der Verfolgungsgrund aber nicht in den Katalog der oben genannten Verfolgungsgründe, kommt die Flüchtlingsanerkennung nicht in Frage. Es wäre allenfalls nochmal gesondert zu untersuchen, ob nicht ein Fall der „Gruppenverfolgung" vorliegt. Dieses Merkmal ist für eine Auslegung offen. Wie weit, dazu unten.

Die genannten Verfolgungsgründe sind neuerdings auch im Gesetz erklärt, und zwar in § 3b AsylG, dessen Lektüre hier ausdrücklich empfohlen wird.

3.4.2 Verfolgung wegen Rasse und Nationalität

Der Ausdruck „Rasse" ist hier mit den vielen Jahren zu erklären, die die Genfer Konvention nun schon alt ist, heute würde man so nicht mehr formulieren. Gemeint sind hier die Fälle rassistischer Verfolgung, also Verfolgung, die an die Hautfarbe, Herkunft oder ethnische Zugehörigkeit anknüpft (so definiert in § 3b Abs. 1 Nr. 1 AsylG).

Der Begriff „Nationalität" ist hier nicht beschränkt auf die Staatsangehörigkeit zu verstehen, er kann auch eine Gruppe bezeichnen, die sich kulturell, sprachlich oder ethnisch von der übrigen Bevölkerung unterscheidet (§ 3b Abs. 1 Nr. 3 AsylG).

3.4.3 Verfolgung wegen der Religion

Religion in diesem Sinne ist eine Glaubensüberzeugung, die sich auf das Sein des Menschen, den Sinn des Daseins und seine Beziehung zu einem wie auch immer geglaubten Gott bezieht, oder die ein Sinn- und Moralgefüge postuliert und dabei ohne den Gottesgedanken auskommt (wie z. B. der Buddhismus). Geschützt ist auch eine explizit atheistische Vorstellung oder auch der Wunsch, sich mit Religion nicht befassen zu wollen (negative Religionsfreiheit). Es kommt bei allem darauf an, dass es sich um eine die persönliche Identität und Lebensform prägende Grundhaltung handelt.

Bei der Reichweite dessen, was als Religionsbetätigung geschützt ist, hat der europäische Richtliniengeber einen bedeutsamen Schritt getan, der seit mehr als zehn Jahren auch im deutschen Flüchtlingsrecht gilt (mittlerweile aufgenommen in § 3b Abs. 1 Nr. 2 AsylG). Geschützt ist die Religion seitdem nämlich nicht nur im privaten, sondern auch im öffentlichen Bereich. Wer wegen der Teilnahme an Gottesdiensten oder religiösen Feiern in der Öffentlichkeit verfolgt wird, kann sich ebenso auf den Verfolgungsgrund der Religion berufen, wie jemand, der wegen religiöser Meinungsäußerungen, dem Tragen von religiösen Symbolen oder der Werbung für einen bestimmten religiösen Glauben behelligt wird. Das früher anzutreffende Argument, die Religionsfreiheit sei bereits gewahrt, solange das häusliche Beten nicht verfolgt werde (und man solle sich doch in diesen häuslichen Bereich zurückziehen), hat in dem aktuellen Flüchtlingsrecht keine Stütze mehr.

Der Verfolgungsgrund der Religion gilt konsequenter Weise auch für die Personen, die wegen ihrer Äußerungen, Religionskritik und Handlungen (oder auch der Verweigerung, an bestimmten Riten teilzunehmen) als Ungläubige, Ketzer oder Häretiker verfolgt werden oder denen der Vorwurf der Apostasie (Glaubensabfall) gemacht wird. Die Religionsfreiheit umfasst eben auch die Freiheit, nicht religiös zu sein oder an einer Religion zu zweifeln.

3.4.4 Verfolgung wegen der politischen Überzeugung

Der Begriff der „Überzeugung" umfasst Meinungen und Grundhaltungen (§ 3b Abs. 1 Nr. 5 AsylG), politisch ist die Überzeugung, wenn sie eine von dem Verfolger abweichende Meinung darstellt oder wenn sie sich sonst auf das gesellschaftliche Zusammenleben und dessen Organisation bezieht. Es ist nicht entscheidend, dass der Antragsteller wegen dieser Überzeugung tätig geworden ist. Es ist auch außerdem nicht erheblich, ob der Betreffende eine geäußerte Meinung wirklich hat, sofern die Verfolgung nur an diese Äußerung anknüpft. Wie § 3b Abs. 2 AsylG zeigt, muss der Verfolgte nicht einmal eine bestimmte politische Äußerung getätigt haben, solange der Verfolger davon ausgeht, dass die andere Person ein politischer Dissident ist.

Eine abweichende politische Überzeugung muss nicht mündlich oder schriftlich zum Ausdruck gebracht werden, obwohl das sicherlich der Hauptfall ist: Sie kann sich auch aus Handlungen ergeben, die der Verfolger auf eine kritische Überzeugung zurückführt. Die Teilnahme an Demonstrationen oder politisch motivierten Streiks können somit ebenfalls politische Verfolgung begründen wie auch umgekehrt die Verweigerung, sich an kollektiven von der Staatsführung verordneten Handlungen zu beteiligen. Der Phantasie eines totalitären Regimes, in den winzigsten Lebensäußerungen den Ausdruck von Opposition zu sehen, ist bekanntlich keine Grenze gesetzt.

Eine oppositionelle Haltung kann im Einzelfall auch dem zugerechnet werden, der den Militärdienst verweigert, das Land illegal verlässt oder in einem (feindlichen) Staat Asyl beantragt. Die Beurteilung hängt davon ab, was der verfolgende Staat als Ausgangspunkt für den Ausdruck einer staatsfeindlichen Gesinnung ansieht und was der Antragsteller an Verfolgungshandlungen mit Grund befürchten muss. Wann Verfolgung einsetzt, bestimmt eben der Verfolger, und nicht der schutzgewährende Staat.

3.4.5 Verfolgung wegen der Zugehörigkeit zu einer bestimmten sozialen Gruppe

Der Verfolgungsgrund der Gruppenzugehörigkeit ist ein Auffangtatbestand. Er erfasst heute auch Fälle, an die man im Jahr 1951 noch gar nicht gedacht hat, als die Konvention verabschiedet wurde.

Damit dieser Verfolgungsgrund angenommen werden kann, muss der betreffende Antragsteller bezogen auf sein Herkunftsland Mitglied einer sozialen Gruppe im Sinne der Flüchtlingskonvention sein – und seine Verfolgung muss an diese Gruppenzugehörigkeit anknüpfen.

§

Art. 10 Abs. 1 lit. d QRL:

„d) eine Gruppe gilt insbesondere als eine bestimmte soziale Gruppe, wenn

– die Mitglieder dieser Gruppe angeborene Merkmale oder einen gemeinsamen Hintergrund, der nicht verändert werden kann, gemein haben oder Merkmale oder eine Glaubensüberzeugung teilen, die so bedeutsam für die Identität oder das Gewissen sind, dass der Betreffende nicht gezwungen werden sollte, auf sie zu verzichten, und

– die Gruppe in dem betreffenden Land eine deutlich abgegrenzte Identität hat, da sie von der sie umgebenden Gesellschaft als andersartig betrachtet wird."

Eine soziale Gruppe wird also – intern und extern betrachtet – durch je ein Merkmal bestimmt, nämlich dadurch,

- dass die Gruppenmitglieder a) „angeborene Merkmale", b) einen „gemeinsamen Hintergrund, der nicht verändert werden kann" oder c) „Merkmale oder eine Glaubensüberzeugung teilen, die so bedeutsam für die Identität oder das Gewissen sind, dass der Betreffende nicht gezwungen werden sollte, auf sie zu verzichten" (interne Betrachtung), und
- dass die Gruppe in dem betreffenden Land eine deutlich abgegrenzte Identität hat und von der umgebenden Gesellschaft als andersartig betrachtet wird (sogenannte externe Betrachtung).

Hinsichtlich der internen Betrachtung zeichnet sich eine soziale Gruppe zunächst durch eine verklammernde Eigenschaft aus, die allen Gruppenmitgliedern gemeinsam ist. Wichtig hieran ist, dass diese gemeinsame Eigenschaft für das einzelne Gruppenmitglied nicht frei oder wenn, dann nur schwer disponibel ist.

Das zeigt der erste Teil der Definition, in dem von einem angeborenen Merkmal die Rede ist (a). Das Hauptanwendungsbeispiel für ein angeborenes Merkmal ist das Geschlecht. Geschlechtsspezifische Verfolgung ist demnach Gruppenverfolgung. Diese Auslegung wird auch durch § 3 Abs. 1 Nr. 4 AsylG bestätigt, wo es heißt, dass eine Gruppenverfolgung auch vorliegen kann, wenn allein an das Geschlecht angeknüpft wird (näher dazu unten Kapitel VII). Auch die rassistische Verfolgung ist Gruppenverfolgung.

Auch der unveränderliche gemeinsame Hintergrund (b) ist Beispiel dafür, dass das einzelne Mitglied hieran nichts ändern kann. Damit sind etwa die Fälle einer sozialen oder beruflichen Stellung erfasst. Wer in einem streng durchdifferenzierten Klassen- oder Kastensystem lebt, kann seine Stellung selbst nicht verändern. Knüpft die Verfolgung an eine solche Stellung an, kann Gruppenverfolgung vorliegen.

Offener für Interpretation ist aber der dritte Fall (c), denn hier ist das verklammernde Merkmal nicht angeboren oder unveränderbar. Im Gegenteil, der Betreffende könnte hierauf verzichten. Was das Pendel dann aber wieder in die Richtung Unveränderbarkeit ausschlagen lässt, ist der Umstand, dass das Merkmal für die Identität oder das Gewissen des Einzelnen so bedeutsam ist, dass man ihn nicht zwingen sollte, hierauf zu verzichten. Bei dieser Umschreibung kann man an tiefe die Identität prägende persönliche Überzeugungen denken, wie sie bei der religiösen oder politischen Verfolgung schon angeklungen sind.

Der wichtigste Anwendungsfall hier ist der Schutz von Menschen, die wegen ihrer sexuellen Orientierung verfolgt werden. Diese sind von den anderen Verfolgungsgründen nicht begünstigt. Der Europäische Gerichtshof hat in seiner wichtigen Entscheidung aus dem Jahr 2013 herausgehoben, dass es sich bei der homosexuellen Orientierung um ein Merkmal handelt, das so bedeutsam für die Identität ist, dass man nicht gezwungen werden sollte, hierauf zu verzichten (ausführlicher zur Verfolgung wegen Homosexualität siehe unten Kapitel VII).

VI

Als zweites muss die externe Betrachtung ergeben, dass die Gruppe von außen als anders empfunden wird. Das ist aber immer dann der Fall, wenn Menschen wegen ihres Andersseins besonders wahrgenommen, bezeichnet oder behandelt werden.

Bei der Frage, ob es diese externe Betrachtung tatsächlich gibt, wird zuweilen auf die Verfolgungsintensität (oder sogenannte Verfolgungsdichte) geblickt. Dem liegt die Annahme zugrunde, dass eine Verfolgung wegen eines Gruppenmerkmals nur dann vorliegen könne, wenn sich diese Verfolgung mit einer statistischen Relevanz fassen lasse. Diese Betrachtungsweise darf sicherlich nicht allzu schematisch angewandt werden. Zu berücksichtigen bleibt immer, dass der Verfolgung Willkür anhaftet, die sich nicht im statistischen Wege einfangen lässt.

Im Sinne eines effektiven Flüchtlingsschutzes konnte man in der Literatur und in einigen Gerichtsurteilen einen Aufschwung von verfolgten Gruppen beobachten. So wurde von der Gruppe der von ihrem Mann verstoßenen pakistanischen Frauen gesprochen. Diese Gruppenbildung ist indes nicht erforderlich, weil auch hier auf den Bezugspunkt des Geschlechts zurückgegriffen werden kann. Untergruppen sind nicht nötig. In die Diskussion gebracht wurde auch z. B. die Gruppe der von somalischen Al-Shaabab-Milizen angeworbenen jungen Männer. Aber auch diese Gruppenbildung ist im Sinne eines Flüchtlingsschutzes nicht erforderlich. Hier wäre es sinnvoll, die drohende Verfolgung als politisch oder religiös motiviert (Weigerung an einem heiligen Krieg mitzuwirken) zu betrachten.

Ein ähnliches Beispiel ist die „Gruppe der Helfer"; auch hier muss für den effektiven Flüchtlingsschutz künstlich eine bestimmte Gruppe gebildet werden. Wer etwa als Nichtjude während des Nationalsozialismus Juden versteckte, musste selbst mit Verfolgung rechnen. Das Flüchtlingsrecht diskutiert nun, wie solche Helfer zu behandeln sind. Hier ließe sich als Verfolgungsgrund eine dem Regime widersprechende politische Haltung anführen, vielleicht auch eine Verfolgung, die an eine Gewissensbetätigung anknüpft und damit letztlich religiös wäre. In der Literatur wird aber auch die Gruppe der Helfer gebildet: Menschen, die über das Merkmal des Helfens zusammengefasst sind und wegen ihres Helfens als andersartig eingeschätzt und verfolgt werden. Letzteres hätte den Vorteil, dass hier alle Motive gleichermaßen zum Zuge kämen, eben auch weniger hehre Motive, die nicht politisch-religiös unterfüttert sind. Andererseits lassen sich auch bei dem Merkmal der politischen Verfolgung auch die eigentlichen Motive des Verfolgten ausblenden: Es kommt ja immer darauf an, was der Verfolger für den Anlass der Verfolgung nimmt. Wer als Verfolger den Helfer für einen Oppositionellen hält, verfolgt ihn aus politischen Gründen, auch wenn der Betreffende andere Motive hat.

Letztlich ist diese Diskussion müßig, weil hier klar ist, dass diese Person genau wegen seines besonders couragierten Eintritts für die Menschenrechte verfolgt wird. Er wird als verfolgt angesehen, nur die Begründung mag sich dabei unterscheiden.

3.5 Verfolgungshandlungen

Was Verfolgung im flüchtlingsrechtlichen Sinne ist, wird in § 3a AsylG definiert, es sind gegen den einzelnen Menschen gerichtete Handlungen, die so gravierend sind, dass sie vereinzelt oder in der Folge mit anderen Handlungen zu einer schwerwiegenden Verletzung der Menschenrechte oder Grundfreiheiten führen. Das Gesetz nennt als Beispiele die Anwendung von physischer, psychischer und sexueller Gewalt, einschließlich der Freiheitsentziehung. In Betracht kommen aber auch administrative, polizeiliche oder justizielle Maßnahmen, die zwar den Schein der Legalität haben, in ihrer eigentlichen Zielrichtung aber diskriminierenden Charakter aufweisen.

Beispiel:

A wird wegen regimekritischer Agitation aufgrund eines Sondergesetzes in Haft genommen, keinem Richter vorgeführt und gefoltert. Auch wenn die Verfolger ihre Maßnahme als Rechtsakt erscheinen lassen, muss man hier den Schwerpunkt auf der Menschenrechtsverletzung sehen.

Ein praktisch wichtiger Fall von scheinbar rechtmäßiger Verfolgungshandlung begegnet, wenn eine an sich legale staatliche Reaktion im Fall etwa von missliebigen Personen besonders drastisch ausfällt. Hier spricht man dann vom Polit-Malus, der bei dieser Sanktion oder Behandlung den Ausschlag gibt und die staatliche Maßnahme zur Verfolgungshandlung macht.

Beispiel:

Eine politische Verfolgung kann darin bestehen, dass ein bestimmtes Delikt bei den Sympathisanten oder Mitgliedern von missliebigen Parteien deutlich härter bestraft wird als bei anderen.

Auch bei der Diskriminierung ist aber nicht nur danach zu fragen, ob eine Person in nicht gerechtfertigter Weise anders behandelt wird. Diskriminierung erfordert auch eine bestimmte Intensität, die allerdings auch kumulativ durch verschiedene Diskriminierungshandlungen erreicht werden kann.

Beispiel:

Die Kirchengemeinde K schreibt die Stelle einer/eines Sekretärs/Sekretärin aus. B wird die Stelle mit dem Argument verweigert, selbst der Kirche gar nicht anzugehören, sondern einen anderen Glauben zu haben. Hier dürfte es an einer flüchtlingsrechtlich relevanten Diskriminierung fehlen.

Das Gesetz hebt außerdem Handlungen gegen Kinder in der Weise heraus, dass diese Handlungen per Gesetz als Verfolgungshandlungen qualifiziert sind (§ 3 Abs. 2 Nr. 6 AsylG).

3.6 Staatliche und nichtstaatliche Verfolgung

Anders als für eine Asylanerkennung ist es bei der Annahme einer Flüchtlingseigenschaft nicht erheblich, ob die Verfolgung staatlich oder nichtstaatlich ist. Auch nichtstaatliche Verfolgung kann flüchtlingsrechtlich relevant sein, wenn der Staat oder in ihm herrschende Organisationen dagegen nichts ausrichten könne oder wollen (§ 3c AsylG). Die Verfolgung kann daher auch in einem zerfallenen Staat von marodierenden Milizen oder Clans ausgehen. Sie kann aber auch in einem bestehenden Staat aus der Mitte der Gesellschaft verübt werden, wenn es zu gemeinsamen Übergriffen gegen Minderheiten kommt und die Polizei nicht einschreitet. In Asylverfahren, die UMF betreffen, werden häufig Sachverhalte vorgetragen, in denen die Verfolgung vom privaten oder sogar vom familiären Umfeld ausgeht. Auch das steht der Flüchtlingsanerkennung nicht entgegen.

Als Beispiel könnte eine Fehde genannt werden, die sich aus der Verletzung von Eheschließungsvereinbarungen ergeben hat, sofern gegen die Verfolgung staatliche Hilfe nicht zu beschaffen ist. Desgleichen wäre hier die drohende Genitalverstümmelung zu sehen: Es mag sein, dass diese Form der Gewalt gegen Mädchen in einem Staat gesetzlich verboten ist, aber von den Familien unbehelligt gefordert und praktiziert wird. Auch dann könnten diese Handlungen als flüchtlingsrelevant anerkannt werden, auch wenn die Verfolgung nicht vom Staat ausgeht – und nach formaler Gesetzeslage auch gar nicht stattfinden darf.

Allerdings liegt bei nichtstaatlicher Verfolgung die Annahme nahe, dass die Verfolgungsgefahr lokal begrenzt ist. Dann nämlich verweist das Flüchtlingsrecht den Betroffenen in diese sicheren Landesteile. Sofern das nicht der Fall ist, sofern also die Verfolgung tatsächlich landesweit droht, sollte das von dem Betroffenen und seinen Vertretern immer sorgfältig herausgearbeitet werden. Zum „internen Schutz" oder der „inländischen Fluchtalternative" siehe sogleich unter 3.7.

3.7 Inländische Fluchtalternative

Eine Anerkennung als Flüchtling ist ausgeschlossen, wenn es für den Ausländer in seinem Herkunftsland Landesteile gibt, in denen er vor der Verfolgung sicher ist. Diese Frage stellt sich oft bei Fällen der nichtstaatlichen Verfolgung, weil hier die Machtsphäre der verfolgenden Gruppierungen häufig lokal begrenzt ist.

Geht die Verfolgung vom Staat aus, wird man regelmäßig annehmen, dass der betroffene Flüchtling landesweit verfolgt wird. Anders aber, wenn Clans, Milizen oder Familien die Verfolgungsakteure sind: Dann wendet das Bundesamt vielleicht mit Recht ein, dass es für den Ausländer auch in seinem Herkunftsstaat Regionen geben kann, in denen er die Verfolgung nicht fürchten muss. Ob wirklich Sicherheit vor Verfolgung besteht, muss dann im Einzelnen geprüft werden.

Beispiel:

A ist afghanischer Staatsangehöriger aus der Provinz Kandahar. Er wurde in seinem Heimatort mehrfach von Mitgliedern der Taliban aufgesucht und dazu gedrängt, sich dem Kampf der Taliban anzuschließen. Weil er sich beharrlich weigerte, erhielt er Todesdrohungen. Das Bundesamt lehnt eine Verfolgungsgefahr mit dem Argument ab, dass A in Kabul sicher sei. Eine entsprechende Auskunftslage lege nahe, dass der Einfluss der Taliban nicht nach Kabul reiche, wo A in der Anonymität der Großstadt Schutz finden könne.

Neben der Sicherheit vor Verfolgung sind aber noch weitere Voraussetzungen zu prüfen: Es muss feststehen, dass der Ausländer gefahrlos in diese Landesteile reisen kann und dort auch Aufnahme findet (§ 3e AsylG). Außerdem muss es dem Ausländer zumutbar sein, sich dort niederzulassen. Für die Frage nach der Zumutbarkeit spielen alle individuellen Aspekte eine Rolle, wie etwa familiäre Bezüge, soziale, sprachliche und kulturelle Differenzen und nicht zuletzt die Aussichten, ein wirtschaftliches Auskommen zu finden. Das in der deutschen höchstrichterlichen Rechtsprechung anklingende Ausschlusskriterium des Dahinvegetierens am Rande des Existenzminimums wird mit Recht als zu voraussetzungsvoll angesehen. Die Verwaltungsgerichte kommen im Einzelfall – je nach Gewichtung der Aspekte des Einzelfalles – dazu, die Zumutbarkeit durchaus von Fall zu Fall verschieden zu würdigen.

Im Beispiel des A könnte das Gericht, wenn A ein Minderjähriger ist, zu der Auffassung gelangen, dass ihm die Aufnahme in Kabul nicht zuzumuten sei, weil er aufgrund seiner Minderjährigkeit, dem Fehlen von verwandtschaftlichen Beziehungen und seiner mangelnden Ausbildung keine zureichende persönliche und wirtschaftliche Stabilität erlangen könne; zudem laufe er als Minderjähriger Gefahr, das leichte Opfer von Kriminellen zu werden. Freilich spielt die Frage der Aufnahmebedingungen in Kabul dann keine Rolle, wenn das Gericht zu der Auffassung gelangt, dass die Verfolgungsgefahr durch die Taliban bis nach Kabul reicht.

3.8 Ausschlussgründe

Die Flüchtlingsanerkennung unterliegt Ausschlussgründen, und zwar dann, wenn der Verfolgte vor der Einreise seinerseits schwere Verbrechen begangen hat oder dann in Deutschland aufgrund seines Handelns eine Sicherheitsgefahr darstellt. Die Folge ist, dass dieser Antragsteller schlussendlich doch nicht zu einer Flüchtlingsanerkennung kommt. Weil solche Personen aber in ihrem Herkunftsland mit Verfolgung rechnen müssen, werden sie nicht abgeschoben, sie bekommen allerdings nicht den Flüchtlingsstatus (und auch keinen subsidiären Schutz). Sie dürfen aber aus humanitären Gründen (z. B. als Geduldete) in Deutschland bleiben.

Die Ausschlussgründe lassen sich in zwei Gruppen einteilen: Das sind zunächst die Straftaten und Handlungen, die der Ausländer vor der Aufnahme in Deutschland begangen hat. Das müssen dann Kriegsverbrechen, Verbrechen gegen die Menschlichkeit oder schwerwiegende nichtpolitische Straftaten im Ausland gewesen sein oder auch Handlungen gegen die Ziele der Vereinten Nationen (§ 3 Abs. 2 AsylG).

Die zweite Gruppe betrifft die Fälle, in denen der Ausländer in Deutschland eine schwerwiegende Gefahr für die Sicherheit darstellt, weil er hier zu einer Freiheitsstrafe von mindestens drei Jahren verurteilt worden ist. Wurde die Straftat auf bestimmte Weise begangen und richtete sie sich dabei gegen die sexuelle Selbstbestimmung einer anderen Person oder andere Rechtsgüter, wie sie in § 60 Abs. 8 Satz 3 AufenthG genannt sind, dann kann auch schon eine Verurteilung zu einem Jahr Freiheitsstrafe (auch ohne Bewährung) zum Ausschluss aus der Flüchtlingsanerkennung führen. Die letztere Regelung ist neu, sie wurde unter dem Eindruck der Ereignisse in der Kölner Silvesternacht 2015/2016 in das Gesetz aufgenommen und sollte diese besondere Form der aus einer Menschenmenge begangenen sexuellen Nötigung oder Eigentumsverletzung erfassen.

3.9 Widerruf und Rücknahme

Flüchtlingsschutz wird nicht anlasslos unbegrenzt gewährt. Ändern sich die Verhältnisse im Herkunftsland oder fallen sonst die Gründe weg, die für die Annahme einer Verfolgungsgefahr gesprochen haben, kann das Bundesamt eine Flüchtlingsanerkennung widerrufen (§ 73 AsylG). Der Widerruf ist eine behördliche Maßnahme, die es auf allen Gebieten des Verwaltungsrechts gibt. Ein solcher Widerruf hat keine Rückwirkung, die bislang als Flüchtling erlangten Vergünstigungen bleiben rechtmäßig, der Widerruf richtet sich auf die Zukunft. Der Flüchtling muss seinen Flüchtlingsausweis zurückgeben und verliert möglicherweise auch seinen Aufenthalt für die Zukunft.

Der Widerruf erfordert ein Widerrufsverfahren, das vom Bundesamt aufgenommen wird. Dabei gibt es dem Betroffenen die Möglichkeit, zu dem beabsichtigten Widerruf Stellung zu nehmen. In diesem Verfahren sind alle Gründe zu prüfen, die vielleicht sonst noch gegen die Abschiebung des Ausländers in sein Herkunftsland sprechen. Es mag nämlich sein, dass trotz des Wegfalls der Anerkennungsgründe sich andere Aspekte ergeben haben, die eine Verfolgungsgefahr nahelegen.

Allerdings muss die Möglichkeit des Widerrufs den anerkannten Flüchtling nicht schrecken. Solche Verfahren brauchen Zeit, das Bundesamt muss die entsprechenden Informationen und Kapazitäten haben, um ein Widerrufsverfahren durchzuführen. Klagen gegen den Widerruf der Anerkennung haben außerdem aufschiebende Wirkung (§ 75 Abs. 1 AsylG), der Betroffene hat also die Chance, weiter hier als Flüchtling zu leben, bis das Gericht endgültig festgestellt hat, dass sich die Lage in dem Herkunftsland nachhaltig verbessert hat und seither stabil ist.

Wichtig an dieser Stelle aber ist der Hinweis, dass ein Widerruf ohne Folge für den Aufenthalt sein kann, wenn der anerkannte Flüchtling zwischenzeitlich eine unbefristete Aufenthaltserlaubnis bekommen hat oder zu einer Aufenthaltserlaubnis berechtigt ist, die vom Flüchtlingsstatus unabhängig ist. Solche Gründe können in einer engen familiären Bindung zu Aufenthaltsberechtigten liegen oder in einer gelungenen Integration. Hier helfen selbstverständlich auch alle Gründe weiter, die unten im Kapitel XI dargestellt werden (Aufenthaltssicherung ohne Asylanerkennung).

Praxis-Tipp:

Im Hinblick auf die theoretische Möglichkeit eines Widerrufs der Flüchtlingseigenschaft empfiehlt es sich, möglichst bald die Chancen einer unbefristeten Aufenthaltserlaubnis zu prüfen. Hier hat sich die Rechtslage nach dem Integrationsgesetz 2016 leider etwas zu Ungunsten des Flüchtlings verändert, aber mit dem Beherrschen der deutschen Sprache und einer überwiegenden Lebensunterhaltssicherung kann die unbefristete Aufenthaltserlaubnis in überschaubarer Zeit erlangt werden.

3.10 Die Bewertung von Flüchtlingsschicksalen syrischer Staatsangehöriger

Bis etwa in den März 2016 erhielt ein syrischer Staatsangehöriger vom Bundesamt den Flüchtlingsstatus – und das ohne eine individuelle Sachprüfung. Dies geschah damals zumeist auf der Grundlage einer Sachverhaltsermittlung durch einen mehrseitigen Fragebogen. Eine Anhörung hat das Bundesamt bis dahin sich und dem Betroffenen erspart. Dann aber wurde das Fragebogenverfahren abgeschafft und zugleich auch eine andere Entscheidungspraxis gefunden. Der Flüchtlingsstatus wurde syrischen Antragstellern nicht mehr ohne einen besonderen individuellen Verfolgungsgrund zuerkannt. Seitdem erhalten viele der Antragsteller keinen Flüchtlingsstatus mehr, sondern nur noch den subsidiären Schutz.

Das hatte in der offiziellen Kommunikation des Bundesamtes mit einem Wechsel in der Betrachtung der Verfolgungsgefahr zu tun. Bis März 2016 ging das Bundesamt davon aus, dass die Ausreise eines Syrers, sein Auslandsaufenthalt und seine Asylantragstellung in Deutschland vom Assad-Regime als Ausdruck einer oppositionellen Haltung verstanden werde, die bei der Wiedereinreise mindestens zu einer mit unmenschlichen Mitteln geführten Befragung oder Untersuchung führen würde. Von dieser Betrachtungsweise, die vielen Syrern eine unbürokratische Flüchtlingsanerkennung gebracht hat, ist das Bundesamt aber abgerückt. Die Begründung hierfür war die, dass neuere Erkenntnisse belegten, dass Ausreise und ausländische Asylantragstellung nicht als staats- oder regimefeindlich betrachtet werden. Man berief sich hierzu auch auf Interviews, die Assad persönlich gegeben hatte und auf die Praxis der syrischen Auslandsvertretungen, ohne Probleme Pässe an die emigrierten Staatsangehörigen im Exil auszugeben. Gegen diese Entscheidungen haben viele eine Klage bei den Verwaltungsgerichten eingelegt. Hier zeichnet sich ab, dass die Verwaltungsgerichte nicht dazu tendieren, einen Verfolgungsgrund allein schon in Ausreise und Asylantragstellung in Deutschland zu sehen. Etwas anderes gilt aber, wenn aufgrund der Wehrgesetze die Einziehung in die syrische Armee droht.

3.11 Zusammenfassung und Checkliste

Die Flüchtlingsanerkennung setzt die begründete Furcht vor einer bestimmten individuellen Verfolgung voraus. Auch wenn das Anknüpfungsmerkmal die Zugehörigkeit zu einer stimmten sozialen Gruppe ist, wird das Mitglied dieser Gruppe zielgerichtet Opfer der Verfolgung.

VI

Checkliste Flüchtlingsanerkennung:

- begründete Furcht
- vor Verfolgung (Verfolgungshandlungen)
- wegen einer der fünf Verfolgungsgründe (Rasse, Religion, Nationalität, politische Überzeugung und Zugehörigkeit zu einer bestimmten sozialen Gruppe)
- kein Schutz im Herkunftsland

Erst wenn diese Voraussetzungen erfüllt sind, wäre gegebenenfalls zu prüfen, ob ein Ausschlussgrund vorliegt.

4. Der subsidiäre Schutz (§ 4 AsylG)

4.1 Grundgedanke: Drohen eines ernsthaften Schadens

Der subsidiäre Schutz setzt nicht bei einer individuellen Verfolgung an, sondern gibt solchen Menschen eine Bleibeperspektive, die ohne Opfer von individueller Verfolgung zu werden, Gefahr laufen, einen ernsthaften Schaden bei Rückkehr in ihrem Herkunftsland zu erleiden. Gefahrmaßstab ist das Vorliegen „stichhaltiger" Gründe für den Eintritt eines ernsthaften Schadens.

Mit dem subsidiären Schutz wurde eine Lücke im Menschenrechtsschutz geschlossen. Aus der Erfahrung, dass es schwerwiegende Beeinträchtigungen auch für die Menschen gibt, die nicht von Verfolgung im klassischen Sinne betroffen sind, hat man auf der Ebene des europäischen Rechts 2004 diesen subsidiären Schutz eingeführt. Dieser subsidiäre Schutz sollte die Regelungen der Genfer Konvention ergänzen. Das kommt auch in der Bezeichnung „subsidiär" zum Ausdruck, was so viel bedeutet wie „hilfsweise" oder „ergänzend". Aus diesem Grunde prüft das Bundesamt den subsidiären Schutz auch nur dann, wenn es den Flüchtlingsstatus versagt. Der anerkannte Flüchtling benötigt den ergänzenden Schutz nicht.

Von diesen Regelungen zum subsidiären Schutz haben hauptsächlich die potentiellen zivilen Opfer eines bewaffneten Konflikts, also Bürgerkriegsflüchtlinge, profitiert. Sie kommen oft nicht in den Genuss einer Flüchtlingsanerkennung, eben weil sie nicht individuell verfolgt werden. Sie werden jetzt aber subsidiär geschützt. Die Rechtsstellung eines Ausländers, dem der subsidiäre Schutz zuerkannt wurde, ist zuletzt verbessert worden, er liegt aber noch immer unterhalb dessen, was einem anerkannten Flüchtling gewährt wird. Das zeigt sich an der Dauer der Aufenthaltserlaubnis, die dem Berechtigten bei Ersterteilung gegeben wird, der Chance auf unbefristeten Aufenthalt und vor allem aber bei den Regeln zum Familiennachzug (siehe dazu Kapitel XII).

4.2 Die Grundfälle eines ernsthaften Schadens

Der europäische Gesetzgeber hat drei Fälle des subsidiären Schutzes geschaffen, das ergibt sich aus Art. 15 der Qualifikationsrichtlinie. In unserem Asylgesetz findet sich der subsidiäre Schutz – mit seinen drei Grundfällen – in § 4 AsylG.

§ 4 Abs. 1 AsylG:

„(1) Ein Ausländer ist subsidiär Schutzberechtigter, wenn er stichhaltige Gründe für die Annahme vorgebracht hat, dass ihm in seinem Herkunftsland ein ernsthafter Schaden droht. Als ernsthafter Schaden gilt:

1. die Verhängung oder Vollstreckung der Todesstrafe,
2. Folter oder unmenschliche oder erniedrigende Behandlung oder Bestrafung oder
3. eine ernsthafte individuelle Bedrohung des Lebens oder der Unversehrtheit einer Zivilperson infolge willkürlicher Gewalt im Rahmen eines internationalen oder innerstaatlichen bewaffneten Konflikts."

4.2.1 Die drohende Verhängung oder Vollstreckung der Todesstrafe (§ 4 Abs. 1 Nr. 1 AsylG)

Diese Regelung schützt solche Personen, denen in ihrem Herkunftsland die Verhängung oder die Vollstreckung der Todesstrafe droht. Auf einen politischen Hintergrund der Bestrafung kommt es nicht an. Wem wegen eines politischen Delikts die Todesstrafe droht, kann sich auf die Verfolgung im Sinne der Flüchtlingskonvention berufen. Der subsidiäre Schutz trägt dem Gedanken Rechnung, dass die Tötung eines Menschen auch im Rahmen eines ansonsten rechtsstaatlichen Strafverfahrens gegen unsere Wertordnung verstößt. Der Person kann gegebenenfalls in Deutschland ein Strafverfahren drohen, im Übrigen kann ebenso wie beim Flüchtling der Ausschluss der Schutzberechtigung drohen, wenn der Antragsteller nachweislich ein schweres Verbrechen begangen hat. Eine Abschiebung in diesem Zuge scheidet aber wegen der drohenden Todesstrafe in jedem Fall aus.

VI

4.2.2 Folter oder unmenschliche oder erniedrigende Behandlung oder Bestrafung (§ 4 Abs. 1 Nr. 2 AsylG)

Die Abgrenzung zwischen Folter, unmenschlicher und erniedrigender Behandlung muss hier nicht vollzogen werden, für die Handhabung des Schutztatbestandes ist das nicht erforderlich. Dazu ist in den Kommentaren zur Europäischen Menschenrechtskonvention (EMRK) allerdings ausführlich zu lesen, denn aus deren Art. 3 stammen diese drei Merkmale. Da es hier ja um den subsidiären Schutz geht, scheiden Folter und unmenschliche (oder erniedrigende) Behandlung aus, die zugleich Verfolgung darstellen. Diese Fälle führen zum Flüchtlingsschutz.

Fälle, für die der § 4 Abs. 1 Nr. 2 AsylG praktisch wird, können also nur dann vorliegen, wenn schwerwiegende Menschenrechtsverletzungen drohen, die nicht verfolgungsbezogen sind, weil sie z. B. alle Bürger erfassen oder keinen bestimmten Verfolgungsgrund nach der Genfer Konvention erkennen lassen. Das können dann etwa menschenrechtswidrige Haftbedingungen oder Polizeimethoden sein. In Betracht kommen auch unverhältnismäßig hohe oder menschenunwürdige Strafen (z. B. Körperstrafen), insbesondere wenn die zugrunde liegenden Delikte in der Bundesrepublik gar nicht oder nur geringfügig bestraft werden.

Beispiel:

A ist in seinem Herkunftsland wegen Drogenhandels zu einer 20-jährigen Haft verurteilt worden, die er nach Auskunftslage – so wie auch andere Delinquenten – in seinem Herkunftsland in einem Haftraum mit maximal 2 bis 3 qm persönlichem Bereich verbüßen soll. Dieser Haftraum unterschreitet die Vorgaben der EMRK. A müsste daher einen ernsthaften Schaden befürchten, wenn er abgeschoben werden würde.

4.2.3 Zivile Opfer bei einem bewaffneten innerstaatlichen Konflikt (§ 4 Abs. 1 Nr. 3 AsylG)

Der wichtigste Fall des subsidiären Schutzes findet sich in der Nr. 3: Hier werden Zivilpersonen erfasst, denen willkürliche Gewalt infolge eines bewaffneten Konflikts in ihrem Herkunftsland und in dieser Folge eine ernsthafte individuelle Gefahr für Leben oder körperliche Unversehrtheit droht. Zur Frage, was ein bewaffneter Konflikt ist, hat der EuGH die Hürden für eine Anwendung der Norm gesenkt. Es ist nicht erforderlich, dass es sich um eine bewaffnete Auseinandersetzung im Sinne des Völkerrechts handelt und dass die beteiligten Verbände armeeartig oder sonst organisiert sind. Es genügt, dass es sich um eine bewaffnete Gruppe handelt, die entweder eine andere Gruppierung oder die Regierungstruppen bekämpft. Auch die etwaige Dauerhaftigkeit des Konflikts spielt keine Rolle. Der § 4 Abs. 1 Nr. 3 AsylG kann damit die Kämpfe der Taliban in Afghanistan ebenso umfassen wie die Landgewinne der Al-Shabaab-Milizen in Somalia.

Auch dazu, wie die drohende Gefahr zu ermitteln ist, hat der Europäische Gerichtshof (EuGH) eine wichtige Entscheidung getroffen:

Das Merkmal „individuell“ ist nämlich im Sinne von „konkret“ auszulegen. Damit ist klar, dass sich die Gefahr nicht aus einer bestimmten individuellen Eigenschaft des Opfers ergeben muss, sondern dass es objektiv auf die Gefahrenlage ankommt. Freilich ist damit nicht ausgeschlossen, dass besondere persönliche Umstände, die die Gefahr erhöhen können, nicht auch im Einzelfall herangezogen werden dürfen (z. B. eine berufliche Tätigkeit als Arzt oder Polizist). Die Sicherheitslage ist abstrakt zu ermitteln. Bei der Bestimmung der objektiven Gefahrenlage kann diese quantitativ ermittelt werden. Maßgeblich hierbei ist die Heimatregion des Antragstellers. Allerdings ist auch hier die inländische Schutzalternative zu prüfen.

Checkliste Schutz bei einem innerstaatlichen bewaffneten Konflikt:

- bewaffneter Konflikt im Herkunftsland
- willkürliche Gewalt
- konkrete Gefahr für Leben oder körperliche Unversehrtheit

VI

Wie bei allen Begriffen, die in Gesetzen vorkommen, sind auch die Begriffe des § 4 AsylG auslegungsbedürftig und werden von verschiedenen Verwaltungsgerichten verschieden ausgelegt. Auch die Einschätzung einer Sicherheitslage kann von Gericht zu Gericht verschieden sein. Klarheit ergibt nur die Frage bei einem Rechtsanwalt oder einer Beratungsstelle, der oder die die Rechtsprechung des örtlichen Verwaltungsgerichts zu einem bestimmten Herkunftsland kennt. Es kann aber gesagt werden, dass ein Bürgerkrieg oder bewaffneter Konflikt für Syrien angenommen wird. Bei Afghanistan oder Somalia hängt eine solche Annahme von weiteren individuellen Umständen (u. a. von der Herkunftsregion) ab.

4.3 Interner Schutz und Ausschlussgründe

Das Gesetz verweist auf die §§ 3 ff. AsylG, so dass auch die Regeln über den internen Schutz, also die Möglichkeit, im Inland Schutz zu finden, als Ausschlussgrund gelten. Den Ausschluss wegen noch im Ausland begangener Kriegsverbrechen gibt es auch hier. Im Übrigen kann der subsidiäre Schutz versagt werden, wenn ein Antragsteller in seiner Person eine Gefahr für die Allgemeinheit oder die Sicherheit in der Bundesrepublik Deutschland darstellt.

5. Die nationalen Abschiebungsverbote (§ 60 Abs. 5 und 7 AufenthG)

5.1 Die Voraussetzungen des nationalen Abschiebeschutzes

Das deutsche Ausländerrecht kennt noch zwei Tatbestände für Abschiebungsverbote, die allerdings nur noch dann vom Bundesamt geprüft werden, wenn Asyl und europäischer Schutz nicht eingreifen. Weil es sich um eine deutsche Regelung handelt, die nicht von der EU vorgegeben ist, spricht man hier deswegen von nationalen Abschiebungsverboten oder dem nationalen Abschiebeschutz. Für eine gewisse Verwirrung sorgt, dass man diesen Schutz manchmal auch als „subsidiären Schutz" bezeichnet; in Abgrenzung zum § 4 AsylG nennt man ihn dann allerdings den „nationalen subsidiären Schutz".

Der nationale Abschiebeschutz greift ein, wenn dem Ausländer durch eine Abschiebung entweder eine Verletzung derjenigen Rechte droht, die durch die Europäische Menschenrechtskonvention geschützt sind (§ 60 Abs. 5 AufenthG) oder wenn ihm damit „eine erhebliche konkrete Gefahr für Leib, Leben oder Freiheit" droht (§ 60 Abs. 7 Satz 1 AufenthG).

5.2 Abschiebeschutz bei drohenden Menschenrechtsverletzungen (§ 60 Abs. 5 AufenthG)

An dieser Norm kann man gut erkennen, dass hinter den Abschiebeschutzregelungen kein durchdachtes Gesamtkonzept steht, die Vorschriften überschneiden sich und der praktische Anwendungsfall für den § 60 Abs. 5 AufenthG ist nur schwer zu erklären. Mit dem Hinweis, alle Menschenrechtsverletzungen zu erfassen, deckt sich dieses nationale Abschiebungsverbot in einem wichtigen Teil mit § 4 Abs. 1 Nr. 2 AsylG. Hier ging es ja um Folter, erniedrigende oder unmenschliche Behandlung als Bedrohungsszenario. Die EMRK verbürgt noch weitere Rechte, aber Anwendungsfälle im Flüchtlingsschutz, die über Art. 3 EMRK hinausgehen, sind eher unwahrscheinlich. Zu nennen wären allenfalls die nicht sehr alltäglichen Fälle, dass einem Ausländer im Herkunftsland ein unfairer Prozess (Art. 6 EMRK) droht oder ihm dort Rechtsschutz und Beschwerderechte in einem bevorstehenden Verfahren abgeschnitten sind (Art. 13 EMRK). Sobald politische Gründe dahinterstehen, wird das alles auch vom Flüchtlingsschutz abgedeckt.

Der Anwendungsbereich ist in der Tat kaum sichtbar. In Betracht käme noch Art. 8 EMRK, der die Familieneinheit schützt. Hier allerdings greift eine wichtige Ausnahme, die besagt, dass § 60 Abs. 5 AufenthG nur die im Zielstaat drohenden Menschenrechtsverletzungen umfasst. Da die Familientrennung aber nicht im Zielstaat der Abschiebung droht, fällt der nationale Abschiebeschutz hier weg. Das ist für den Betroffenen – nebenbei gesagt – aber nicht so einschneidend, weil er eine Duldung nach § 60a Abs. 2 Satz 1 AufenthG erhält mit der Perspektive auf eine Aufenthaltserlaubnis.

Beispiel:

B ist der Vater eines Kindes geworden, das in Deutschland bleibeberechtigt ist. Er soll abgeschoben werden. Die drohende Verletzung der Familieneinheit und die dem Kind drohende Kindeswohlgefährdung durch die Trennung vom Vater realisieren sich nicht im Zielstaat und führen daher nicht zu einem nationalen Abschiebeverbot nach § 60 Abs. 5 AufenthG. B kann wegen der drohenden Familientrennung aber eine Duldung erhalten und später möglicherweise eine Aufenthaltserlaubnis bekommen.

Deckungsgleich ist der nationale Abschiebeschutz bei § 60 Abs. 5 AufenthG bei der Frage der nichtstaatlichen Verfolgung.

Der Anwendungsbereich für § 60 Abs. 5 AufenthG liegt heute hauptsächlich bei den Fällen, in denen einem Flüchtling oder subsidiär Schutzberechtigten aufgrund seiner Verurteilungen von der Statusgewährung ausgeschlossen ist.

5.3 Abschiebeschutz nach § 60 Abs. 7 AufenthG

5.3.1 Anwendungsfälle

Der Abschiebeschutz nach § 60 Abs. 7 AufenthG hat tatsächlich noch eine wichtige Bedeutung, und zwar immer dann, wenn die Gefahr im Zielstaat nicht mehr von einem staatlichen Handeln ausgeht, sondern auf Umstände und Verhältnisse zurückzuführen ist. Hier lassen sich drei Gruppen denken:

- Gefahren aus einer allgemeinen katastrophalen Versorgungssituation, die zu Hunger und Verelendung führt,

- eine gesundheitliche Extremgefahr infolge mangelnder medizinischer Versorgung bei einem bereits in Deutschland erkrankten Ausländer
- und schließlich Gefahren infolge von Naturkatastrophen, ein Bereich, der erst in den letzten Jahren diskutiert wird, und der Klimafolgen, Dürren und Überschwemmungen ebenso umfassen könnte wie Reaktorunfälle.

5.3.2 Gefahr der Verelendung und des Hungers

Beispiel:

Die junge Frau A aus Äthiopien und ihr 2-jähriges Kind sollen in ihre Heimat abgeschoben werden, wo sie keinen familiären Anschluss mehr haben, weil alle Familienmitglieder verstorben oder verschollen sind. Da A keine berufliche Ausbildung hat und es auch kein Sozialhilfesystem gibt, das sie auffangen könnte, drohen ihr und dem Kind im Falle einer Rückkehr nach Äthiopien Hunger und Verelendung.

VI

Der Betroffene muss die Gefahr der Verelendung mit einer beachtlichen Wahrscheinlichkeit dartun. Außerdem muss diese Gefahr konkret sein und mit dem besonderen Charakter des Betroffenen und seiner Situation zu tun haben. Allgemeine Gefahren, die jeden in einem betreffenden Herkunftsland treffen, können bei dieser Schutzgewährung mit dem Effekt außen vorbleiben, dass sie einen Schutz nicht begründen (§ 60 Abs. 7 Satz 5 AufenthG). In diesen Fällen ist allenfalls eine Duldung möglich. Kommen aber mehrere individuelle Gründe zusammen, dann kann bei schutzbedürftigen Menschen ohne Familienbezug im Herkunftsstaat ein nationales Abschiebungsverbot zuteilwerden, wenn sonst Hunger und Verelendung drohen.

5.3.3 Lebensgefahr wegen nicht ausreichender medizinischer Versorgung

Beispiel:

B leidet unter einem schwerwiegenden insulinpflichtigen Diabetes. In seinem Herkunftsstaat Äthiopien ist das Insulin aber nach Aussage von Ärzten nicht für B verfügbar, im Übrigen sind auch keine Mittel vorhanden, Insulin kühl zu lagern.

In diesem Fall kann ein Abschiebeverbot ausgesprochen werden, wenn B infolge der dann unterbleibenden medizinischen Versorgung mit dem baldigen Tode oder einer wesentlichen Gesundheitseinbuße zu rechnen hätte.

Der Gesetzgeber hat hier neulich klargestellt, dass die Gesundheitsversorgung nicht an deutschen Verhältnissen zu messen ist (§ 60 Abs. 7 Satz 3 AufenthG). Das leuchtet ein, wurde so aber auch früher nicht anders gesehen. Es kommt noch immer auf die eminente gesundheitliche Verschlechterung an oder die Lebensgefahr, die durch die Nichtbehandlung entsteht.

Die Nichtbehandlung muss nicht daran liegen, dass ein Medikament oder eine Behandlungsmethode im Land überhaupt nicht zur Verfügung stehen. Es kommt darauf an, ob sie konkret dem Antragsteller zugänglich sind. Zu fragen ist also, ob z. B. ein Medikament von einer Krankenversicherung, dem staatlichen Gesundheitsamt oder anderen Institutionen zu einem erschwinglichen Preis zur Verfügung gestellt wird. Das kann schließlich auch der Schwarzmarkt sein, wenn der Antragsteller die Preise zu zahlen in der Lage ist. Nicht zu unterschätzen ist auch der Aspekt der Lagerung: Bei bestimmten Medikamenten scheidet eine Versorgung aus, wenn keine Kühlmöglichkeiten bestehen.

VI

Der Antrag auf Zuerkennung eines medizinisch begründeten Abschiebungsverbots setzt daher folgende einzelne Nachweise voraus:

- Attest über eine schwerwiegende Erkrankung
- Beschreibung der erforderlichen Therapie und Medikation
- gesundheitliche Folgen einer unterbleibenden Therapie oder Medikamenteneinnahme
- Verfügbarkeit der betreffenden Therapie und Medikamente im Herkunftsland

5.3.4. Naturkatastrophen und Klimawandel

Nachhaltige Veränderungen der Lebensbedingungen durch Naturkatastrophen oder den Klimawandel können zu nationalen Abschiebungsverboten führen, wenn sie mit einer Lebensbedrohung verbunden sind. Hierzu sind auch keine Gesetzesänderungen erforderlich. Anders ist das, will man Menschen, die etwa vor dem Klimawandel fliehen, einen Schutz zugestehen, der dem Flüchtlingsschutz nach der Genfer Konvention entspricht. Die verpflichtende Aufnahme der sogenannten Klimaflüchtlinge und ihr rechtlicher Schutz ist aber derzeit ein eher akademisches Thema; es bleibt abzuwarten, wie dies in Gesetzgebung und Praxis der Zukunft bewertet werden wird.

5.4 Fazit

Das nationale Abschiebungsverbot erfasst somit diejenigen Ausländer, denen andere Gefahren jenseits von Verfolgung oder Gefahr nach § 4 AsylG drohen. Es ist daher als Auffangtatbestand gut geeignet, auch um einzelne Fälle zu lösen.

VII. Anerkennungsgründe bei Kindern und jungen Erwachsenen

1. Kinderspezifische Verfolgung

1.1 Grundüberlegung zur kinderspezifischen Verfolgung

Das Modellbild der Verfolgung ist die politische: Man denkt an Politiker im Exil oder Schriftsteller, an Menschen, die ihre Meinung medial verbreiten und aufgrund ihres bloßen Wortes für ein Regime gefährlich werden können. Das sind dann meistens Männer, gebildet, erwachsen und gut vernetzt. Es hat lange gedauert, bis frauenspezifische Verfolgung ebenfalls in die Diskussion gerückt ist und weitgehende Anerkennung im Flüchtlingsrecht gefunden hat.

Ähnlich ist das mit den Gründen, die Kinder vor Verfolgung, Gewalt und Erniedrigung fürchten lassen. Mittlerweile finden sie Widerhall in Flüchtlingsrecht und Schutztatbeständen. In § 3a Abs. 2 Nr. 6 AsylG werden heute ausdrücklich auch gegen Kinder gerichtete Maßnahmen als Verfolgungshandlungen qualifiziert. Diese Gründe sind naturgemäß anders als die klassischen Verfolgungsgründe. Sie sollen im Folgenden kurz dargestellt werden.

Von großer Bedeutung ist inzwischen auch die UN-Kinderrechtskonvention (KRK), die den Schutz von Kindern gegenüber vielen Erscheinungsformen von Gewalt oder nicht kindgerechter Behandlung deutlich macht.

1.2 Kinderrechte nach der UN-Kinderrechtskonvention

VII

Die UN-Kinderrechtskonvention (engl.: Convention on the Rights of the Child, CRC) aus dem Jahr 1989 ist seit der Erklärung der Bundesregierung aus dem Mai 2010 auch in der Bundesrepublik vorbehaltslos in Kraft. Die Kinderrechtskonvention geht insofern über die vielen Schutztatbestände hinaus, die man schon vorher kannte und achtete. Neu an der Kinderrechtskonvention ist, dass das Kind nicht mehr nur als schutzbedürftiges Rechtsobjekt angesehen wird, sondern auch als eigenständiges Rechtssubjekt. So schreibt es Stefanie Schmahl in ihrem Kommentar zur UN-Kinderrechtskonvention. Damit verpflichtet sich der deutsche Staat, das Kind in diesen verschiedenen Lebenssituationen zu schützen. Die Konvention beginnt damit, dass sie das Recht des Kindes auf einen Namen und die Registrierung erwähnt. Dies sind die Voraussetzungen, um überhaupt erst Rechte wahrnehmen zu können. Zu nennen sind weiter der Schutz vor Kinderhandel (Art. 35), der gesetzwidrigen Entnahme von Organen, sexueller und wirtschaftlicher Ausbeutung (Art. 34

und 32) oder auch das Recht des Kindes auf Bildung (Art. 28). Im Zusammenhang mit dem Flüchtlingsrecht hat auch der Art. 38 KRK große Bedeutung gewonnen. Darin wird es den Staaten verboten, Kinder unter dem 15. Lebensjahr zu den Streitkräften einzuziehen oder an Kampfhandlungen zu beteiligen. Ein wichtiger Satz der Kinderrechtskonvention findet sich gleich in Art. 1, wenn es dort heißt, dass als Kind jeder Mensch unter 18 Jahren definiert wird. Das war früher, also vor der Änderung des § 12 AsylG, der das Alter für die Asylmündigkeit früher mit dem 16. Lebensjahr ansetzte, ein wichtiges Argument in der Diskussion, den Schutz nicht schon mit dem 16. Lebensjahr enden zu lassen.

1.3 Kindsein als Verfolgungsgrund?

Droht einem Minderjährigen in seinem Herkunftsland die Zwangsarbeit oder Sklaverei, ist das eine schwerwiegende Menschenrechtsverletzung. Das Gleiche gilt für die Einziehung des Kindes zum Wehrdienst, die erzwungene Teilnahme am Krieg, die sexuelle Ausbeutung oder Prostitution. Zu nennen sind hier auch andere Eingriffe in die körperliche Unversehrtheit oder Selbstbestimmung, wie die Entnahme von Organen, die Sterilisation, die Genitalverstümmelung, die Zwangsverheiratung oder der Ausschluss von allen bürgerlichen Rechten durch die Verweigerung von Registrierung, Geburtsurkunde und Schulbesuch. Wie oben gesehen, ist all das von der Kinderrechtskonvention verboten und würde auch so dem deutschen Verfassungsrecht widersprechen. Diese Aussage ist für sich nicht umstritten; umstritten ist allerdings, welcher flüchtlingsrechtliche Schutz des Minderjährigen daraus zu folgern ist. Das ist nämlich davon abhängig, ob diese Menschenrechtsverletzungen an die Verfolgungsmerkmale der Genfer Konvention anknüpfen.

VII

Ein Kind, das wegen seiner ethnischen Zugehörigkeit oder seiner sozialen Klasse dem Regime einer unabwendbaren Ausbeutung unterworfen wird, kann unbestritten den Verfolgungsschutz vor dem Hintergrund der Genfer Konvention beanspruchen. Sobald die allgemeinen Verfolgungsgründe ursächlich werden für die Ausbeutung des Kindes, greift der Flüchtlingsschutz in jedem Fall ein. Schwierig sind aber die Fälle, in denen die Ausbeutung zwar regelmäßig Kinder betrifft, diese menschenunwürdige Behandlungsweise aber nicht mit deren Nationalität, ihrer ethnischen Zugehörigkeit, Religion oder politischen Auffassung in Verbindung steht. Dann bleibt nur noch, den Verfolgungsgrund mit der Zugehörigkeit zu einer bestimmten sozialen Gruppe zu erklären und das Kindsein zum Gruppenmerkmal zu erheben. Diese Prämisse wird in der Literatur und von Gerichten tatsächlich mit guten Gründen geteilt. Ein altersmäßig bestimmter Ausschnitt der Gesellschaft kann sinnvoll als abgegrenzt gelten. Damit lassen sich die Fälle erfassen, in denen etwa auch männliche Kinder der sexuellen Ausbeutung ausgesetzt sind. Entscheidend ist, dass an das Alter angeknüpft wird. Zusätzlich ließe sich auch an andere Merkmale anknüpfen, die für die Schutzbedürftigkeit entscheidend sind, etwa der Umstand, dass ein Kind ohne Eltern oder Verantwortlichen aufwächst und auf sich gestellt (etwa auf der Straße) ohne Zugang zu Schutz und Bildung leben muss.

Beispiel:

Der 14-jährige B wurde in Afghanistan als sogenannter Tanzknabe (im Rahmen der „Baccha Bazi") von reichen und einflussreichen Männern öffentlich vorgeführt, missbraucht und verkauft. Als Anknüpfungspunkt für die Verfolgung ließe sich hier an die bestimmte soziale Gruppe der 12- bis 16-jährigen Jungen aus unterprivilegierten sozialen Schichten in Afghanistan denken, die gegen diese Form der sexuellen Ausbeutung kaum Schutz finden.

1.4 Beispiele kinderspezifischer Verfolgung

Fälle, in denen das Kindsein als verklammernde Eigenschaft herangezogen werden kann, um eine Verfolgung dieser besonders schutzbedürftigen Gruppe zu beschreiben, sind etwa

- Kinderarbeit,
- sexuelle Ausbeutung (Kinderprostitution, Kinderpornografie u. a.),
- Ausschluss von Schule und Bildung für bestimmte Gruppen (z. B. Mädchen, Kinder aus sozial unterprivilegierten Schichten),
- Nichtregistrierung (z. B. in den Fällen von Straßenkindern, die ohne jeden Schutz durch Erwachsene, familiäre Bezüge und ohne feste Unterkunft leben müssen).

1.5 Verfolgung nach Eintritt der Volljährigkeit

1.5.1 Ende des Schutzes mit Erreichen der Volljährigkeit

Die besondere Problematik des gerade geschilderten Ansatzes zeigt sich aber immer dann, wenn der Minderjährige während seines Asylverfahrens in Deutschland volljährig wird. War das Kindsein der Grund der Verfolgung, der er entflohen ist, wird es schwer, diesen Grund weiter geltend zu machen, wenn der Antragsteller diesem Alter inzwischen entwachsen ist. Tatsächlich, es ist konsequent, auch wenn es zynisch erscheint, eine drohende Verfolgungsgefahr für diesen jungen Erwachsenen abzulehnen, wenn er nicht weiter Opfer einer Ausbeutung als Jugendlicher werden kann. Die Schutzlosigkeit und Schutzbedürftigkeit, die mit dem jugendlichen Alter verbunden war, fällt weg. Es spricht grundsätzlich nichts mehr dagegen, den jetzt jungen Erwachsenen mit den Verhältnissen in seinem Herkunftsland zu konfrontieren und ihm die Rückkehr dorthin zuzumuten.

1.5.2 Nachwirkende Verfolgung

Das gilt natürlich nicht dann, wenn der ehemals Minderjährige eine Verfolgung im Zusammenhang mit seiner früheren Misshandlung zu befürchten hat, gegen die eine Volljährigkeit sich nicht mehr schützend auswirkt.

War der junge Mensch der völkerrechtswidrigen Einberufung zum Wehrdienst als Kindersoldat entflohen, droht ihm möglicherweise wieder die Rekrutierung, diese selbst wäre jetzt aber kein Verstoß mehr gegen die Kinderschutzkonvention. Hier zeigt sich der vorübergehende Charakter des Minderjährigenschutzes sehr deutlich.

Wenn dem Betroffenen aber wegen seiner Desertion von einer Kinderarmee nunmehr die Strafe wegen Wehrdienstentziehung droht, dann setzt die Verfolgung wieder an dem früheren Grund an. Ein solcher Umstand wäre als Verfolgungsgrund anerkannt und würde zu einer Anerkennung führen.

Gleiches gilt für diejenigen, die der Ausbeutung als Kinder oder Jugendlicher entflohen sind und nun deswegen mit einer Verfolgung rechnen müssen. Das muss nicht allein die Strafe sein, die etwa mit der Desertion verbunden ist, es kann sich auch um drohende Racheakte früherer Verfolger handeln, die sich für die Flucht rächen wollen. Denkbar ist auch, dass der ehemalige Jugendliche von seinen früheren Ausbeutern verfolgt wird, um ihn als Zeugen oder Ankläger wegen der erlittenen Misshandlungen mundtot zu machen. Diese Überlegung könnte sich etwa einstellen, wenn ein Jugendlicher Opfer der Zwangsprostitution war und nun in sein Herkunftsland zurückkehrt. Wenn die früheren Täter aus Furcht, dass nun das erwachsen gewordene Opfer gegen sie bei Gericht aussagt, versuchen sollten, sich des ehemaligen Jugendlichen zu bemächtigen, um ihn mit Gewalt zu einem bestimmten Aussageverhalten zu nötigen, wäre das auch wieder eine an die frühere Verfolgung anknüpfende Verfolgung. Auch hier wäre, sofern sich dieses Geschehen als Bedrohungsszenario plausibel darstellen lässt, eine Anerkennung auch des ehemaligen Jugendlichen auszusprechen.

In dem oben genannten Beispiel des afghanischen Jungen B wird man anerkennen müssen, dass dieser nach Eintritt der Volljährigkeit nicht mehr mit einer Ausbeutung im Rahmen der „Baccha Bazi" zu rechnen hat. In Betracht kommen aber Strafen, weil B sich seinem „Eigentümer", der für ihn Geld bezahlt hat, entzogen hatte, oder weil sein früherer Peiniger vielleicht eine Strafverfolgung fürchtet (und den B deswegen bedrohen könnte). Schließlich kommt aber auch in Betracht, dass der B wegen seiner öffentlichen Handlungen als Homosexueller verfolgt wird. In diesen Fällen würde die neue Verfolgung an den Verfolgungsgrund der Gruppe der jungen 12- bis 14-Jährigen anknüpfen bzw. diese Verfolgung fortsetzen.

2. Religiöse Verfolgung im Falle von Konversion

Schwierigkeiten bereiten die Fälle, in denen ein Antragsteller vorträgt, dass er in seinem Herkunftsland oder später, vielleicht auch erst nach der Ausreise, zu einer Religion konvertiert sei, die in seinem Herkunftsland verfolgt werde. Diesem Vortrag begegnet das Bundesamt meist skeptisch, es vermutet schnell asylstrategische Motive, weil es ein freiwilliges Sich-Aussetzen gegenüber der Verfolgung für menschlich wenig nachvollziehbar hält. Auf der anderen Seite knüpft das Flüchtlingsrecht an die Verfolgungsgefahr an. Da es bei der Religion um die Entwicklung einer Identität oder Lebensform geht, die das Flüchtlingsrecht schützt, bleibt dem Bundesamt und den Gerichten nichts anderes übrig, als genau das zu prüfen. Folglich werden in diesen Fällen die Gründe für einen Wechsel in der religiösen Ausrichtung sehr genau untersucht. Das aber ist schwierig, weil es für das Vorhandensein von inneren Überzeugungen keine verlässlichen äußeren Zeichen gibt und ein Blick in die Seele des Menschen nicht möglich ist. Es gibt allenfalls äußerliche Indizien.

Aus diesem Grund wird der betreffende Konvertit vom Bundesamt befragt, ob er schon immer religiös eingestellt war, wie er früher seine Religion lebte und was das auslösende Erlebnis schließlich für den Wechsel des Glaubens war. Es wird ergründet, wie seine Umwelt, seine Familie und Freunde, auf diesen Wechsel reagiert haben, und wie er sich angesichts der drohenden Verfolgung gefühlt habe und welche Strategien er sich überlegt hat, der Verfolgung zu entgehen. Diese letzte Frage ist indessen tückisch, weil der Antragsteller verleitet wird, zu erklären, dass ihm seine Religion so wichtig sei, dass er davon unbeirrt auch der Verfolgungsgefahr ins Auge gesehen habe oder sehen werde. Diese Form von Märtyrertum wird vom Flüchtlingsrecht aber gar nicht verlangt. Wer offen erklärt, dass er wegen der Verfolgungsgefahr von der offenen Ausübung der Religion Abstand genommen hat oder Abstand nehmen wird, zeigt damit, sofern er diese religiöse Haltung wirklich hat und diese zu seiner Persönlichkeit gehört, dass er bereits Opfer der Verfolgung geworden ist oder Opfer werden würde.

Die Fragen an den Antragsteller richten sich naturgemäß nur auf äußere Erlebnisse. Das gilt auch für viele eher „theologische" Fragen, die den Glaubenswechsel von einer intellektuellen Seite angehen. Wer etwa zum Christentum konvertiert ist, muss gegenüber dem Bundesamt häufig die Grundzüge der christlichen Glaubenslehre darlegen können. Im Übrigen wird immer auch nach dem Vollzug der Taufe oder nach regelmäßigen Gottesdienstbesuchen und der Beteiligung am Gemeindeleben gefragt.

Praxis-Tipp:

Wer als Betreuer einen Menschen durch das Asylverfahren begleitet, der einen Glaubenswechsel vollzogen hat, sollte zu den Gesprächen einen Geistlichen der betreffenden Religion beiziehen, dem man das Verfahren erklärt und um Hilfe bei der Vorbereitung der Anhörung bittet. Der Geistliche ist auch derjenige, der die theologischen Fragen am besten beantworten wird. Es bietet sich außerdem an, den Geistlichen in einem gerichtlichen Verfahren als Zeugen zu benennen; man muss aber auch gewärtigen, dass Geistliche ein Zeugnisverweigerungsrecht haben.

3. Rekrutierung zum Wehrdienst oder zu bewaffneten Einheiten

Bei der Rekrutierung zur Armee stellt sich flüchtlingsrechtlich ebenfalls die Frage, worin genau die Verfolgung besteht. Die Bestrafung der Wehrdienstentziehung allein kann es nicht sein, da solche Tatbestände auch in vielen Staaten, in denen die Menschenrechte geachtet werden, der Strafe unterworfen sind. Auch in der Bundesrepublik Deutschland war dies noch unter der Geltung einer allgemeinen Wehrpflicht strafbar. Eine flüchtlingsrechtliche Relevanz ergibt sich aber immer dann, wenn der Wehrdienst mit der Ausübung von Verbrechen oder mit Handlungen gegen die Menschlichkeit im Rahmen eines Konfliktes verbunden ist, also beispielsweise mit der Ausübung von Kriegsverbrechen. Das ergibt sich aus § 3a Abs. 2 Nr. 5 AsylG. Wer also vor einem völkerrechtswidrigen Krieg flieht (und deswegen der Bestrafung unterliegt), kann sich daher mit Erfolg auf die Flüchtlingskonvention berufen. Das gilt aber auch, wenn mit dem Wehrdienst andere schwerwiegende Straftaten (die nicht durch das Kriegsvölkerrecht erlaubt sind) verbunden sind.

Völkerrechtswidrig ist aber auch der Einsatz von Kindersoldaten, auch hier wirkt sich die Wehrdienstentziehung flüchtlingsrechtlich aus.

Ein vieldiskutierter Bereich ist die Wehrdienstentziehung aus Gewissensgründen. Wer wegen seiner religiösen Überzeugung oder einer pazifistischen Haltung den Kriegsdienst verweigert und so Verfolgung riskiert, muss sich nach den Aussagen von UNHCR auch auf das Flüchtlingsrecht berufen können. Diese Ansicht ist indessen in Deutschland umstritten, die Gründe sprechen hier aber für die Anerkennung eines religiös motivierten Verfolgungsgrundes.

Das Gleiche gilt, wenn die Wehrdienstentziehung Ausdruck einer politischen Haltung ist oder von den Verfolgern als politische Handlung verstanden und deswegen verfolgt wird. In einem solchen Fall ist die Verfolgung eine politische, weil sie an die politische Auffassung des Betreffenden anknüpft.

4. Bedrohung wegen der politischen Tätigkeit der Eltern und Familienangehörigen

Der Hinweis auf die politisch oppositionelle Tätigkeit der Eltern, manchmal aber auch anderer naher Angehöriger, ist ein häufig genannter Verfolgungsgrund in den Interviews von Minderjährigen und jungen Erwachsenen. Beim Bundesamt führt dies allerdings nur selten zu einer Anerkennung. Das liegt an zwei Gründen. Zum einen sind dem Bundesamt die Schilderungen der jungen Menschen über das politische Engagement der betreffenden Familienmitglieder oft viel zu unsubstantiiert, zum anderen lehnt das Bundesamt (und mit ihm auch die Rechtsprechung) es ab, die Familie eines Oppositionellen als bestimmte soziale Gruppe im Sinne des § 3b AsylG zu begreifen. Kommt es zu Maßnahmen der Verfolger auch gegenüber dem Familienmitglied, erkennt die deutsche Praxis dies als Verfolgung nur an, wenn sich nachweisen lässt, dass das an sich unpolitische Familienmitglied in besonderer Weise in die Verfolgung des Oppositionellen einbezogen ist.

Gegen diese Betrachtungsweise lässt sich sicherlich einiges einwenden, doch wird – je nach Reife des Jugendlichen – eine doch annähernd klare Schilderung der elterlichen Oppositionstätigkeit abverlangt. Raunende Berichte über abendliche Treffen des Vaters unter dem Mantel des Geheimnisses, Unterlagen, die besonders behandelt oder gar versteckt wurden, die Bitten des Vaters an die Kinder, davon niemandem etwas zu erzählen, überzeugen in der Anhörung leider oft nicht. Auch der Einwand, die Eltern hätten die Jugendlichen eben nicht gefährden wollen, indem sie über Politik zu Hause nicht weiter hätten reden wollen, löst dieses Problem nicht auf. Natürlich ist diese Unkenntnis menschlich verständlich. Der Beraterseite wäre zu empfehlen, über die politische Tätigkeit der Eltern möglichst etwas Genaueres herauszufinden (am besten Berichte Dritter aus Zeitung oder Internet). Stellt sich dabei heraus, dass die Eltern tatsächlich politisch exponiert tätig sind oder waren, dürfte sich daraus auch die Verfolgungsgefahr für das Kind ergeben.

5. Drohende Gewalt gegen Mädchen und junge Frauen

5.1 Geschlechtsspezifische Verfolgung

Die geschlechtsspezifische Verfolgung gegen Frauen gehört zur Verfolgung wegen der Zugehörigkeit zu einer bestimmten sozialen Gruppe.

Geschlechtsspezifische Verfolgung liegt vor, wenn Frauen aufgrund ihres Geschlechts von der Gesellschaft oder den sie beherrschenden

Institutionen ausgeschlossen, ihnen Gewalt angetan oder Schutz vorenthalten werden. Dazu genügt, dass Frauen oder Mädchen in diesen Belangen schlechter behandelt oder gestellt werden als Jungen oder Männer. Beispiele für geschlechtsspezifische Verfolgung sind:

- schwere Bestrafung von Delikten aus dem Bereich der Ehre oder der Sittlichkeit, die entweder nur Frauen betreffen oder bei Frauen zu noch viel empfindlicheren Strafen führen als bei Männern (z. B. bei Ehebruch, vorehelichem Geschlechtsverkehr, Verstoß gegen Kleiderordnung oder Heiratsregeln u. a.);
- häusliche Gewalt, Gewalt in der Ehe, wenn diese Gewalt sozial legitimiert wird und auch staatliche Hilfe deswegen nicht besteht;
- sexuelle Gewalt , wenn sie sozial nicht geächtet und unterbunden wird, insbesondere, wenn staatliche Hilfe nicht einschreitet;
- weibliche Genitalverstümmelung;
- Zwangsheirat.

5.2 Zwangsverheiratung

Zwangsverheiratung liegt vor, wenn Eltern oder andere Familienmitglieder durch Drohung mit einem Übel oder gesellschaftlicher Sanktion in das Recht der Eheschließungsfreiheit eingreifen. Die Zwangsverheiratung gegen den Willen des betroffenen Mädchens stellt eine Verletzung des Menschenrechts dar, die völkerrechtlich geächtet ist. In der Bundesrepublik ergibt sich das aus § 237 StGB, der die Zwangsverheiratung unter Strafe stellt. Da für die Flüchtlingsanerkennung keine staatliche Verfolgung drohen muss, kann die von der Familie ausgehende Bedrohung ausreichend sein, um eine solche Verfolgungshandlung anzunehmen. Allerdings gilt auch hier, dass die Prüfung mit dieser Feststellung noch nicht ihr Bewenden gefunden hat, da auch noch die inländischen Fluchtalternativen in den Blick zu nehmen sind. Zu erklären ist nämlich, warum das Mädchen oder die Frau auf eine Zuflucht in Deutschland angewiesen ist und nicht etwa in einem anderen Landesteil vor der Verfolgung sicher ist. Da aber die Macht der Familie sich je nach den Gegebenheiten auf weitreichende Verbindungen stützt, kann es durchaus so sein, dass es in dem Herkunftsland eines Opfers keine Fluchtalternative gibt. Das wäre im Einzelfall näher zu erklären.

Die Schutzanerkennung macht auch nicht mit dem Vollzug der Zwangsehe halt. Flieht das Mädchen aus der bestehenden Zwangsehe ins Ausland, dann würde die zwangsweise Rückführung eine Fortsetzung dieses Zustandes und mögliche weitergehende Gewaltanwendung nach sich ziehen.

5.3 Genitalverstümmelung

Die Genitalverstümmelung oder FGM (für *female genital mutilation*) ist ebenfalls im Zusammenhang mit der geschlechtsspezifischen Verfolgung zu nennen. Diese Form von Gewalt richtet sich gegen Mädchen und junge Frauen, allerdings muss die Genitalverstümmelung tatsächlich drohen, was zu der zynisch anmutenden Situation führt, dass Frauen, die in dieser Hinsicht bereits verletzt worden sind, den Verfolgungsschutz nicht mehr in Anspruch nehmen können. Eine Ausnahme besteht aber, wenn noch weitere Beschneidungen im späteren Lebensalter bevorstehen.

Falls eine solche Verfolgung in Rede steht, es sich mithin vom Herkunftsland her aufdrängt, hat diese Ausgangslage zur Folge, dass dem Bundesamt schon frühzeitig ein gynäkologisches Attest übersandt werden sollte, aus dem hervorgeht, dass die Antragstellerin bislang nicht Opfer einer Genitalverstümmlung geworden ist.

Wie auch bei anderen dem häuslichen Bereich zuzuordnenden Fällen muss hier dann außerdem noch dargelegt werden, dass der Einfluss der Familie oder der Familienoberhäupter, die die Beschneidung verlangen, weitreichend ist und sich nicht auf eine bestimmte Region beschränkt.

6. Verfolgung wegen Homosexualität

Die Verfolgung Homosexueller ist Gruppenverfolgung im Sinne der Konvention. Ansatzpunkt ist die sexuelle Orientierung des Menschen, ein Merkmal, das für den einzelnen Betroffenen so wichtig ist, dass er nicht gezwungen werden darf, darauf zu verzichten. Das bedeutet dann aber, dass dieser Grundsatz auch gegenüber einer drohenden Verfolgung gilt. Man ist eben nicht gezwungen, seine Identität im Hinblick auf die drohende Verfolgung zu verleugnen. Für Schwule und Lesben, die aus Ländern kommen, in denen Homosexualität verfolgt wird oder in denen homophobe Haltungen in der Bevölkerung zu massiven Übergriffen auf Homosexuelle führen, begründet diese Entscheidung einen wesentlichen Fortschritt. Ihr

Verfolgungsschicksal ist nicht mehr mit dem Argument in Abrede zu stellen, sie könnten ihre Homosexualität geheim halten oder auf den privaten Raum beschränken.

Schwierigkeiten bereitet hin und wieder der Nachweis der Homosexualität. Wie auch bei der Verfolgung wegen einer religiösen Grundhaltung muss auch hier über einen sehr persönlichen Bereich entschieden werden, der dem Entscheider oder dem Gericht nicht zugänglich ist. Auch hierzu hat der EuGH eine Richtung vorgegeben, nämlich, nicht schematisch vorzugehen. Eine Frage in der Anhörung, welche „Schwulenkneipen" der Antragsteller denn kenne, ist danach keine Entscheidungsgrundlage. Zuverlässiger ist es, die Plausibilität der gesamten Lebensumstände zum Gegenstand der Fragen zu machen und hier mit den üblichen Kriterien zu operieren. Unzulässig sind in jedem Fall Fragen nach sexuellen Praktiken oder das Abprüfen von Stereotypen oder Klischees, die als Vorstellungsbild über das Leben eines homosexuellen Menschen im Umlauf sind.

Die Verfolgung von Homosexualität kann vom Staat ausgehen, sie kann aber auch nichtstaatlich sein, was ebenso häufig ist. Staatlich wäre sie, etwa wenn homosexuelle Handlungen unter Strafe stehen und diese Strafnorm von den Gerichten auch angewandt wird. Wenn es aber, wie z. B. in Jamaika, ganze Teile der Bevölkerung sind, die sich öffentlich verächtlich über Schwule äußern und gegen diese gerichtete Gewalt unterstützen und begrüßen, spricht man von nichtstaatlicher Verfolgung. Wenn dann solche Gewaltdelikte an Homosexuellen oder gar deren Tötung allenfalls als ganz normale Taten in der Statistik erscheinen, deren Aufklärung von der Polizei aber nicht betrieben wird, dann liegt eine nichtstaatliche Verfolgung vor, die ebenfalls zu einer Flüchtlingsanerkennung führt.

7. Gründe für die Gewährung subsidiären Schutzes bei Jugendlichen

Da die Gewährung des subsidiären Schutzes keine besondere Exposition oder bestimmte verfolgungsauslösende Tätigkeit voraussetzt, ergeben sich hierbei für Minderjährige keine besonderen Schutzgründe. Jugendliche aus Somalia oder Afghanistan sind von der Sicherheitslage gleichermaßen betroffen wie Erwachsene.

8. Abschiebungsverbote bei unbegleiteten Minderjährigen

Es wäre naheliegend, bei unbegleiteten Minderjährigen aufgrund ihrer besonderen Schutzbedürftigkeit grundsätzlich von einer lebensbedrohlichen Situation im Sinne des § 60 Abs. 7 AufenthG auszugehen. Das ließe sich wegen Fehlens familiärer Kontakte in einigen Herkunftsländern sicherlich gut belegen. Unbegleitete Minderjährige sind auch bei der Rückkehr vielen Risiken ausgesetzt. Das reicht von der Unterversorgung und Verwahrlosung bis dahin, Opfer von Drogensucht und Kriminalität zu werden. Trotzdem wird unbegleiteten Minderjährigen aber der Schutz nach § 60 Abs. 7 AufenthG nicht gewährt, weil hier nach der herrschenden Auffassung bei den Gerichten der § 58 Abs. 1a AufenthG vorgeht. Nach dieser Norm ist es der Ausländerbehörde verboten, einen unbegleiteten Ausländer in sein Herkunftsland abzuschieben, sofern sich dort keine geeignete aufnahmebereite Person (oder Institution) befindet. Da ein UMF also ohnehin nicht in die Situation des weiteren Unbegleitet-Seins abgeschoben werden darf, muss er – so das Bundesverwaltungsgericht – auch nicht nach § 60 Abs. 7 AufenthG geschützt werden. Mit anderen Worten, bei unbegleiteten Minderjährigen geht der § 58 Abs. 1a AufenthG vor. Erst wenn dieser Schutz durch Volljährigwerden abgelaufen ist, wird das Bundesamt überhaupt erst prüfen, ob ein Abschiebungsverbot wegen der Versorgungslage im Herkunftsstaat in Betracht kommt.

Für die Beratung eines unbegleiteten Minderjährigen bedeutet das, dass alle Gründe, die mit der Versorgungslage und den Lebensbedingungen zusammenhängen, neu aufgerollt werden, wenn der UMF volljährig geworden ist. Für den Fall, dass es zu diesem Zeitpunkt schon ein abgeschlossenes Asylverfahren gibt, das zu einem negativen Ausgang geführt hat, ist es dem Betroffenen möglich, in einem Wiederaufnahmeverfahren die Gründe, die wegen der Minderjährigkeit noch nicht geprüft werden mussten, dem Bundesamt mitzuteilen und prüfen zu lassen.

VIII. Das Asylverfahren

1. Zentrale Behörde: Das Bundesamt für Migration und Flüchtlinge

Das Asylverfahren wird beim Bundesamt für Migration und Flüchtlinge durchgeführt, für das Asylverfahren ist es die alleinzuständige Behörde. Es hat seinen Sitz in Nürnberg und verfügt über rund 40 Außenstellen in der gesamten Bundesrepublik. Im Zuge des großen Zustroms von Flüchtlingen 2015/2016 wurde es personell aufgestockt und es wurden neue Außenstellen gegründet. Außerdem hat man Ankunfts- und Entscheidungszentren geschaffen und sogar mobile Registrierungsteams geschaffen, die die Flüchtlinge, die beim Bundesamt noch nicht erfasst waren, aber auch schon nicht mehr in den Erstaufnahmeeinrichtungen wohnten, in das System aufzunehmen.

Das Bundesamt für Migration und Flüchtlinge ist eine Bundesbehörde, die dem Bundesinnenminister untersteht. Es ist – wie andere Behörden auch – hierarchisch organisiert, Einzelentscheider sind weisungsgebunden. Das BAMF verfügt seinem Anspruch nach über die notwendigen Kenntnisse in den Herkunftsstaaten der meisten Flüchtlinge. Dazu wird es vom Auswärtigen Amt regelmäßig informiert, außerdem unterhält es ein eigenes Informationssystem zu den Verhältnissen in den Herkunftsländern („MILo"), das auf der Homepage (www.bamf.de) allen Interessierten zur Verfügung steht. Auch hinsichtlich seines Personals ist das Bundesamt seinem Selbstverständnis nach auf den Umgang mit Geflüchteten eingerichtet. So sind die Anhörerinnen und Anhörer, die mit den UMF zu tun haben, hierfür besonders geschult. Gleiches gilt für den Umgang mit traumatisierten Menschen. Zu all diesen Themen belegt das Personal des BAMF Schulungen.

Als Reaktion auf die gestiegenen Antragszahlen hat das Bundesamt im Herbst 2015 damit begonnen, besondere Entscheidungszentren zu eröffnen, in denen über die Fälle auf der Grundlage der aus den anderen Außenstellen eingesandten Akten entschieden wird. Das hat zur Folge, dass der Einzelentscheider, der die Entscheidung trifft, nicht (mehr) in jedem Fall mit der Person identisch ist, die die Anhörung des Asylantragstellers durchgeführt hat. Dieser Zustand wird von vielen beklagt, auch vom Bundesamt selbst, hat aber kaum Auswirkungen auf die Anfechtbarkeit der Entscheidungen. Im Einzelfall kann der Betroffene mit seinem Anwalt damit bei Gericht Erfolg haben. Dazu müssten sie die Fehleranfälligkeit einer solchen Arbeitsteilung darstellen und die Missverständnisse herausarbeiten, die aus dem Umstand resultieren, dass ein Entscheider die Glaubhaftigkeit anhand eines Protokolls beurteilen will, selbst aber sich weder einen persönlichen Eindruck vom Antragsteller (Glaubwürdigkeit) hat bilden können, noch Einfluss auf die gestellten Fragen hatte.

2. Inhalt des Asylantrags

2.1 Regelfall: Antrag auf Asyl und internationalen Schutz

Der Asylantrag besteht aus zwei Teilen, dem Antrag auf Anerkennung als Asylberechtigter (Art. 16a GG) und dem Antrag auf internationalen Schutz, der ebenfalls zwei Komponenten hat. Da der Antrag auf das Asylgrundrecht, wie oben dargelegt, praktisch keine wichtige Bedeutung mehr hat, wird der folgende Antrag gestellt:

Antrag auf internationalen Schutz:

- Zuerkennung der Flüchtlingseigenschaft nach § 3 AsylG, § 60 Abs. 1 AufenthG und Genfer Flüchtlingskonvention
- Zuerkennung des subsidiären Schutzes nach § 4 AsylG
- Prüfung der nationalen Abschiebungsverbote nach § 60 Abs. 5 und 7 AufenthG (wird auch ohne Antrag geprüft, wenn die beiden Schutztatbestände oben vom Bundesamt abgelehnt werden)

Nach dem Willen des Gesetzgebers ist dieser Schutzantrag selbst nicht auf seine einzelnen Teile beschränkbar. Geht ein Antragsteller beispielsweise davon aus, dass er ohnehin nur den subsidiären Schutz erhalten werde, kann er seinen Antrag beim Bundesamt nicht soweit beschränken. Er muss hier auch die Feststellung der Flüchtlingseigenschaft mitbeantragen. Das ist im Verwaltungsverfahren aber kein Nachteil, weil hierdurch keine besonderen Kosten entstehen.

2.2 Beschränkter Antrag auf die Feststellung von nationalen Abschiebungsverboten (§ 60 Abs. 5 und 7 AufenthG)

Immer möglich – und manchmal auch praktisch ratsam – ist die beschränkte Antragstellung, die sich nur auf die nationalen Abschiebungsverbote richtet. Wer etwa keine Chancen auf den internationalen Schutz sieht, aber die Hoffnung hat, in seiner Person die Voraussetzungen für die nationalen Abschiebeschutz zu verwirklichen, kann diesen beschränkten Antrag stellen. Diese Antragstellung hat bei erwachsenen Geflüchteten einige Vorteile, weswegen man in solchen Fällen darüber nachdenken sollte, ob man einen chancenlosen Antrag auf internationalen Schutz nicht weglässt und nur den Schutz nach § 60 Abs. 5 und 7 AufenthG beantragt. Man entgeht so einer Pflicht, in die Erstaufnahmeeinrichtung umzuziehen und löst auch kein Dublin-Verfahren aus. Für unbegleitete Minderjährige, die ohnehin nicht in einer Erstaufnahmeeinrichtung wohnen müssen und, wie unten noch zu zeigen sein wird, bei der Dublin-Zuständigkeitsregelung privilegiert sind, liegen die Vorteile nicht so deutlich auf der Hand. Im Gegenteil, will der Minderjährige allein seine Versorgungslage gegen die Abschiebung einwenden, wird er, wie oben beschrieben, damit nicht durchdringen, solange er ohnehin durch § 58 Abs. 1a AufenthG vor der Abschiebung geschützt ist. Mit anderen Worten, ein beschränkt auf die Versorgungslage gegründeter Antrag ist hier erst nach Eintritt der Volljährigkeit sinnvoll.

3. Die Stellung des Asylantrags (im Falle von UMF)

3.1 Grundfall der Asylantragstellung

Ein Asylantrag ist normalerweise persönlich durch Vorsprache bei der zuständigen Außenstelle zu stellen. Das trifft in der Regel so für Erwachsene mit ihren Familien zu, die kurz nach ihrer Einreise den Behörden mitgeteilt haben, dass sie um Asyl nachsuchen wollen (Asylgesuch). Das deutsche Asylverfahren weist hier die Besonderheit auf, dass man diesen Flüchtlingen nicht gleich die Möglichkeit gibt, den förmlichen Asylantrag zu stellen, sondern dass man sie zunächst bundesweit auf eine Erstaufnahmeeinrichtung verteilt, wo sie dann – zum Teil geraume Zeit später – ihren förmlichen Asylantrag stellen.

Von dieser Regelung gibt es aber Ausnahmen, die auch die minderjährigen unbegleiteten Flüchtlinge umfassen. Für Personen, die in ihrer Mobilität eingeschränkt sind, weil sie z. B. in Haft oder in einem Krankenhaus sind, lässt sich nicht sinnvoll verlangen, dass sie räumlich umziehen, um dann woanders in einer Erstaufnahmeeinrichtung zu wohnen. Das gilt auch für Jugendliche, die in einer

Jugendhilfeeinrichtung untergebracht sind, oder deren Vormund nicht in einer Erstaufnahmeeinrichtung wohnt. Allen diesen Personen ist es gestattet, ihren Asylantrag schriftlich zu stellen. Die schriftliche Antragstellung befreit von der Notwendigkeit des Umzugs.

Eine weitere Ausnahme gilt übrigens für potenzielle Antragsteller, die eine länger als sechs Monate währende Aufenthaltserlaubnis haben. Auch ihnen will man den Umzug in eine Erstaufnahmeeinrichtung nicht zumuten – und dafür gestattet man die schriftliche Antragstellung (das alles ergibt sich aus § 14 Abs. 1 AsylG).

Somit stellt ein UMF seinen Asylantrag schriftlich, vertreten durch seinen Vormund oder, wenn das bei ihm der Fall ist, durch den Rechtsanwalt, der als Ergänzungspfleger oder Mitvormund bestellt worden ist. Der Antrag ist an die Zentrale des BAMF in Nürnberg zu richten. UMF werden nicht – wie die Erwachsenen – auf Erstaufnahmeeinrichtungen verteilt. Die UMF unterbreiten kein dem Asylantrag vorgelagertes Asylgesuch. Aus diesem Grunde sollten sie auch keine BÜMA und keinen Ankunftsnachweis erhalten. Ihnen wird von der zuständigen Ausländerbehörde die Aufenthaltsgestattung erteilt. Für die Zeit vor der Asylantragstellung sollte ihnen von der lokalen Ausländerbehörde eine Duldung ausgestellt werden.

3.2 Schriftliche Antragstellung – Praxis-Tipps

3.2.1 Allgemeines

Wie vorstehend dargestellt, ist bei UMF, deren Vormund nicht in einer Erstaufnahmeeinrichtung wohnen muss, sowie bei jungen Volljährigen, die sich in Jugendhilfemaßnahmen befinden, der Asylantrag gemäß § 14 Abs. 2 AsylG schriftlich zu stellen.

Wichtig: Die erkennungsdienstliche Behandlung („ED-Behandlung“) des Kindes oder Jugendlichen erfolgt dann wahlweise erst im Rahmen eines extra angesetzten Termins, der Anhörung zu den Fluchtgründen oder, seltener, bei einer vorgelagerten Befragung im Dublin-Verfahren.

Der schriftliche Antrag wird bei der Zentrale des BAMF in Nürnberg gestellt. Es sollte unbedingt darauf geachtet werden, dass die Einreichung des Antrags nachgewiesen werden kann. Daher bietet sich die Übersendung des Antrags per Fax an (denkbar – allerdings mit höheren Kosten, zugleich aber mit keinem weiteren Vorteil verbunden – ist auch die Übersendung per Übergabe-Einschreiben). Die Fax-Nummer des BAMF in Nürnberg lautet: 0911/943 1000. Es kommt immer wieder vor, dass das Fax des BAMF nicht funktioniert, weshalb der Sendebericht kontrolliert und sodann (bei einer erfolgreichen Übersendung) zu Beweiszwecken aufgehoben werden sollte.

Für den schriftlichen Antrag kann ein Vordruck des Bundesamtes verwendet werden, der im Internet unter www.bamf.de abrufbar ist. Bei der Verwendung des Vordrucks ist jedoch Vorsicht geboten, weil dieser den Eindruck vermittelt, eine individuelle Begründung des Antrags sei bereits zu diesem Zeitpunkt nötig (zur Frage der individuellen Begründung sogleich). Für Irritationen sorgt außerdem regelmäßig der Umstand, dass im Vordruck unter Punkt 1 eine Erklärung dazu verlangt wird, ob der Antrag auf die Zuerkennung internationalen Schutzes (Flüchtlingseigenschaft und subsidiärer Schutz) beschränkt und ob auf die Prüfung der Asylberechtigung verzichtet wird. Bei auf dem Landweg eingereisten UMF bestehen hinsichtlich einer solchen Beschränkung keine Bedenken, da die Prüfung der Asylberechtigung in diesen Fällen ohnehin erfolglos bleiben wird (vgl. Art. 16a Abs. 2 GG).

Eine Verpflichtung zur Verwendung des Vordruckformulars besteht nicht. Entscheidet sich der Vormund (oder der Mitvormund/Ergänzungspfleger) gegen die Verwendung des Formulars, ist zu beachten, dass der schriftliche Antrag die wesentlichen persönlichen Angaben des UMF (vollständiger Name, Geburtsdatum, Herkunftsland, aktuelle Adresse) sowie einen Antragstext enthalten muss. Der Text des Antrags kann z. B. lauten:

VIII

> Es wird beantragt,
> den oben Genannten als Asylberechtigten i. S. d. Art. 16a Abs. 1 GG anzuerkennen und ihm internationalen Schutz in Gestalt der Flüchtlingseigenschaft nach § 3 AsylG bzw. des subsidiären Schutzes nach § 4 AsylG zuzuerkennen.
>
> Hilfsweise wird beantragt,
> das Vorliegen von Abschiebungsverboten nach § 60 Abs. 5 und 7 AufenthG festzustellen.

Der Hilfsantrag ist zwar rechtlich gesehen nicht nötig, weil das BAMF zur Prüfung von Abschiebeverboten ohnehin verpflichtet ist, als fortwährende Erinnerung an diesen Prüfauftrag ist er aber sicherlich geeignet.

3.2.2 Individuelle Begründung

Unabhängig davon, ob der Vordruck des BAMF oder ein eigener Antragstext verwendet wird, ist umstritten, ob der schriftliche Antrag schon jetzt individuell begründet werden sollte oder nicht. Gesetzlich verlangt wird eine Begründung nicht, das Bundesamt wünscht sich jedoch ganz offensichtlich individuelle Ausführungen zur Fluchtgeschichte des Antragstellers bereits im schriftlichen Antrag – anders ist das entsprechende Feld im vom BAMF herausgegebenen Vordruck zur schriftlichen Antragstellung nicht zu interpretieren. Gegen eine Begründung des Asylantrags schon in diesem Stadium des Verfahrens sprechen jedoch gute Gründe. So kann nicht garantiert werden, dass der Vormund im Vorfeld eines schriftlichen Antrags die gesamte Fluchtgeschichte des UMF detailliert ermitteln kann. Dies dürfte regelmäßig bereits aus Zeitgründen schwierig werden. Überdies sind viele UMF aufgrund ihrer Vorgeschichte traumatisiert und schon aus diesem Grunde nicht dazu in der Lage, sich (fremden) Erwachsenen zeitnah nach ihrer Ankunft in Deutschland so zu öffnen, dass sie diesen ihre persönlichen – häufig extrem belastenden – Erlebnisse erzählen können. Ganz im Gegenteil haben viele Betroffene in ihren Herkunftsländern lernen müssen, dass Vertrauen zu Erwachsenen sich bitter rächen kann. In diesen Fällen berichten die betroffenen Kinder und Jugendliche den sie betreuenden Personen regelmäßig nur einen Ausschnitt ihrer Erlebnisse. Wird nun dieser eventuell unvollständige Bericht des UMF aufgeschrieben und an das BAMF gesendet, ist es nicht auszuschließen, dass der spätere Vortrag während der Anhörung zu den Fluchtgründen von jenem im schriftlichen Antrag abweicht. Auf diese Weise produzierte Widersprüche können negative Folgen für das Asylverfahren haben (die Abweichungen werden teilweise von den Anhörern beim BAMF direkt im Protokoll vermerkt). Die (logische) Erklärung, dass der UMF zwischen dem mit dem schriftlichen Antrag übersandten Fluchtprotokoll und der Anhörung Zeit hatte, in Deutschland auch gedanklich anzukommen und Vertrauen zu den ihn umgebenden Personen zu entwickeln, reicht nicht aus, um diese Widersprüche zu entkräften.

VIII

Praxis-Tipp:

Der schriftliche Asylantrag sollte nicht individuell begründet werden. Mit einer schriftlichen Begründung sind hohe Risiken, zugleich aber keinerlei Vorteile verbunden. Es besteht auch keine Notwendigkeit dazu, schließlich hat der UMF im Rahmen seiner persönlichen Anhörung beim BAMF ausreichend Gelegenheit, seine Fluchtgründe darzulegen.

3.2.3 Unterschrift und Vollmacht

Eine Unterschrift des UMF unter dem Antrag ist nicht nötig (und wäre wegen § 12 AsylG auch ohne Bedeutung). Die Unterschrift des Vormunds (oder des Mitvormundes/Ergänzungspflegers) ist hingegen unverzichtbar. Der Vormund (oder der Mitvormund/Ergänzungspfleger) sollte dem Antrag außerdem die auf ihn lautende Bestallungsurkunde beifügen.

Vorsicht: Die Bestallungsurkunden sind häufig auf dunkelgrünem Papier gedruckt, weshalb die Lesbarkeit einer gefaxten Urkunde nicht gewährleistet werden kann. Die Bestallungsurkunde sollte daher vor dem Faxen hell kopiert werden.

Checkliste: Schriftliche Antragstellung

- Wurde ein Versandweg gewählt, bei dem die Übersendung nachgewiesen werden kann (Fax/Übergabe-Einschreiben)?
- Enthält das Antragsschreiben die wesentlichen persönlichen Angaben des UMF (vollständiger Name, Geburtsdatum, Herkunftsland, aktuelle Adresse) und einen Antragstext (Anerkennung als Asylberechtigter/Zuerkennung internationalen Schutzes)?
- Wurde der Antrag durch den Vormund (den Mitvormund/den Ergänzungspfleger) unterschrieben und eine auf ihn lautende Bestallungsurkunde beigelegt?

3.2.4 Einreichen von Attesten

Liegen zum Zeitpunkt der Antragstellung bereits aussagekräftige ärztliche Atteste zum Gesundheitszustand des UMF vor, so können diese bei der Übersendung des Antrags beigefügt werden. Wegen der Neuregelungen im Zuge des sogenannten Asylpakets II im März 2016 sollten solche Atteste ohnehin immer sogleich eingereicht werden, damit die Behörde – im Falle einer später anvisierten Abschiebung wäre das dann die Ausländerbehörde – nicht das verspätete Vorlegen rügen kann (§ 60a Abs. 2d AufenthG).

3.2.5 Eingangsbestätigung

Wurde der Antrag (ordnungsgemäß) gestellt, dauert es einige Zeit, bis das BAMF eine Eingangsbestätigung versendet. Zu Beginn des Jahres 2016 war es nicht ungewöhnlich, wenn diese Eingangsbestätigung erst 12 bis 15 Wochen nach der Antragstellung einging. In der zweiten Jahreshälfte 2016 war hier jedoch eine leichte Verbesserung festzustellen, so dass nunmehr auch schon nach wenigen Wochen mit dem Schreiben aus Nürnberg gerechnet werden kann (von der in Art. 6 Abs. 1 der Verfahrensrichtlinie [2013/32/EU] vorgesehenen Verpflichtung, Asylanträge innerhalb von drei Arbeitstagen zu registrieren, ist die Praxis in Deutschland gleichwohl noch weit entfernt). Die Eingangsbestätigung wird per Post (und nicht etwa ebenfalls per Fax) übersendet; die Praxis hinsichtlich der Versandart ist jedoch uneinheitlich – meistens, jedoch längst nicht in allen Fällen, erfolgt die Zustellung per Einschreiben.

Die Eingangsbestätigung enthält das Aktenzeichen des Verfahrens beim BAMF, dieses ist bei der weiteren Korrespondenz mit der Behörde anzugeben. Das Aktenzeichen sollte dahingehend überprüft werden, ob das richtige Länderkürzel vergeben wurde (afghanische Antragsteller erhalten ein Aktenzeichen mit der Endung 423, Syrer mit der 475, somalische Schutzsuchende mit der 225, Eritreer mit der 224 usw.). Außerdem wird mit der Eingangsbestätigung die *„Niederschrift zum Asylantrag, Teil 1“* übersandt. Hierbei handelt es sich um ein Datenblatt, das die wichtigsten persönlichen Angaben des Antragstellers enthält. Schließlich wird in der Eingangsbestätigung noch eine Reihe von Belehrungen für den Antragsteller übermittelt, welche mit diesem unbedingt durchgegangen und ihm ausgehändigt werden sollten. Sind, wie leider nicht selten der Fall, die Belehrungen nicht in der Muttersprache des Antragstellers beigefügt, sollte beim BAMF nachgehakt und um die entsprechende Übersendung gebeten werden. Oft gestellt wird die Frage nach der Unterschrift unter den Belehrungen. In der Regel reicht es aus, wenn der UMF und sein Vormund (oder der Mitvormund/Ergänzungspfleger) die Belehrungen im Rahmen der persönlichen Anhörung unterschreiben. Bisher lediglich in einigen wenigen Fällen ist das BAMF dazu übergegangen, die Belehrungen unterschrieben schon vor der Anhörung zurückzufordern. Dieser Aufforderung – so sie denn kommt oder gar zur gängigen Praxis wird – kann gefolgt werden.

Praxis-Tipp:
Bereits bei der Kontrolle der Eingangsbestätigung sollte der antragstellende UMF auf seine Verpflichtung hingewiesen werden, während des gesamten Verfahrens dafür sorgen zu müssen, dass das BAMF seine aktuelle Adresse kennt. Diese Mitwirkungspflicht ist von enormer praktischer Bedeutung.

Mit der Eingangsbestätigung sollte zeitnah (bestenfalls innerhalb weniger Tage) bei der zuständigen Ausländerbehörde vorgesprochen und die Ausstellung einer Aufenthaltsgestattung gemäß § 55 AsylG verlangt werden. In der Gestattung sollte das Aktenzeichen sowie das Datum der Antragstellung vermerkt werden.

4. Die Zuständigkeitsprüfung – „Dublin-Verfahren" und die Unzulässigkeit bei anderweitiger Schutzgewährung

4.1 Unzulässige Asylanträge

Wenn der Asylantrag einmal gestellt ist, verläuft das Asylverfahren wieder in den gleichen Bahnen, unabhängig davon, ob man es durch persönliche oder ausnahmsweise schriftliche Antragstellung in Gang gesetzt hat. Und der erste Schritt, den das Bundesamt macht, ist es, die eigene Zuständigkeit festzustellen. Fehlt es an einer Zuständigkeit, wird der Antrag als „unzulässig" abgelehnt.

Unter Betreuern und Flüchtlingsberatern ist es ein vieldiskutiertes Thema: Nicht jeder in der Bundesrepublik gestellte Asylantrag führt zu einem Statusfeststellungsverfahren, also zu einem Asylverfahren, in dem der Verfolgungsschutz für den Antragsteller hinsichtlich seines Herkunftslandes geprüft wird. Es gibt Fälle, da endet das Verfahren schon frühzeitig ohne eine Aussage, ob der Betreffende verfolgt wird oder Schutz begehren kann. Das geschieht aber nicht nur in den allseits bekannten „Dublin"-Fällen, wenn also ein anderer Staat in Europa nach der Dublin-Verordnung für den Asylantrag zuständig ist. In Betracht kommt auch der ebenso häufige Fall, dass der Antragsteller den begehrten Schutz (Flüchtlingsstatus oder subsidiären Schutz) bereits woanders in der EU erlangt hat. Es kann sogar so weit gehen, dass ein Asylantrag als unzulässig abgelehnt wird, weil der Betreffende in einem anderen Staat der Welt, der nicht Mitglied in der EU ist, sicher war. In allen diesen

Fällen kann der Geflüchtete keinen (weiteren) Schutz mehr in der Bundesrepublik erlangen und es droht ihm neben der Ablehnung seines Antrages die Abschiebung in den Staat, in dem er den anderweitigen Schutz erhalten hat.

Übersicht: Die Fälle der Unzuständigkeit

Sachlage	**Reaktion des BAMF**	**Rechtsnorm**
Für den (noch nicht positiv beschiedenen) Asylantrag ist nach der Dublin-Verordnung ein anderer Staat Europas zuständig.	Ablehnung des Asylantrags als unzulässig und Abschiebung in den zuständigen Dublin-Staat	§ 29 Abs. 1 Nr. 1 AsylG
Der Antragsteller hat bereits den Flüchtlingsstatus oder subsidiären Schutz in einem anderen EU-Staat.	Ablehnung des Asylantrags als unzulässig und Abschiebung in den betreffenden anderen EU-Staat	§ 29 Abs. 1 Nr. 2 AsylG
Der Antragsteller hat in einem sonstigen Staat (außerhalb der EU) Schutz gefunden.	Ablehnung des Asylantrags als unzulässig und Abschiebung in diesen anderen Staat (sofern der Staat den Geflüchteten zurücknimmt)	§ 29 Abs. 1 Nr. 4 AsylG

4.2 Die Dublin-III-VO

4.2.1 Rechtsquelle und teilnehmende Staaten

Wegen der Einbettung des deutschen Asylrechts in den europäischen Zusammenhang prüft das Bundesamt als erstes, ob die Bundesrepublik überhaupt zuständig ist. Dies tut es in dem „Dublin-Verfahren".

Das Dublin-Verfahren oder Verfahren nach der Verordnung (EU) Nr. 604/2013, wie diese Verordnung in der offiziellen verkürzten Bezeichnung heißt, dient der Ermittlung des Staates, der für die Prüfung eines Schutzantrags zuständig ist. Der Name „Dublin" erklärt sich übrigens daraus, dass der heutigen Verordnung (mittlerweile „Dublin-III-VO") ein Übereinkommen des Jahres 1990 von mehreren europäischen Staaten vorangegangen ist, das damals in der irischen Hauptstadt Dublin abgeschlossen worden war und das damals die Zuständigkeit der Vertragsstaaten für die Asylanträge regelte. Da man Übereinkommen, also Verträge zwischen Staaten, häufig nach dem Ort benennt, an dem dieser Vertrag geschlossen wurde (z. B. Vertrag von Maastricht, Genfer Konvention), sprach man früher vom „Dubliner-Übereinkommen". An diesem Sprachgebrauch hat man festgehalten, obwohl die heutige Verordnung (EU) Nr. 604/2013 mit der Stadt Dublin nichts mehr zu tun hat, denn wie jede EU-Verordnung wurde auch sie in Brüssel verabschiedet. Aber so ist es dabei geblieben, die Regelungen zur innereuropäischen Zuständigkeit für Asylanträge als „Dublin-Recht" zu bezeichnen. Das geschieht übrigens auch international: Wer mit finnischen oder italienischen Flüchtlingsberatern spricht, wird sofort verstanden, wenn er das „Dublin-System" oder „the Dublin regulation" beklagt.

Der Kreis der europäischen Staaten, der Dublin-Recht anwendet, ist nicht mit dem Kreis der EU-Staaten deckungsgleich. Der EU-Mitgliedstaat Dänemark hatte sich an der Annahme der Dublin-III-VO nicht beteiligt (siehe dort den Erwägungsgrund 42), ist aber gemeinsam mit den Nicht-EU-Staaten Island, Norwegen, Liechtenstein und der Schweiz durch Abkommen am Dublin-System beteiligt. Damit gilt die Dublin-VO derzeit in 29 europäischen Staaten.

4.2.2 Reformvorhaben: „Dublin-IV"

Derzeit erarbeitet die EU-Kommission einen Reformentwurf, der die Dublin-III-Regelungen ersetzen soll. Dies erfolgt im Licht der sogenannten Flüchtlingskrise 2015/2016; hier soll insbesondere die Zuständigkeit anders geregelt werden. Die Idee ist, die Staaten am Rande Europas, die von der Einwanderung und der derzeitigen Dublin-Regelung stärker betroffen sind, durch ein internes Übernahmeverfahren stärker zu entlasten. Dem Entwurf ist auch zu entnehmen, dass die Fristen, die das Dublin-III-Verfahren sehr stark bestimmen, an Bedeutung verlieren werden. Es soll u. a. auch neue Regelungen zu UMF geben. Da die Verordnung einer europäischen Abstimmung bedarf, die derzeit alles andere als abgeschlossen ist, können weder Inhalt noch Zeitpunkt der Verabschiedung von „Dublin-IV" näher dargelegt werden.

4.2.3 Regelungsprinzipien der Dublin-III-VO

Das Dublin-System kann als die logische Antwort auf die Schengen-Regelung angesehen werden. Jedenfalls ist das als Begründung zur Schaffung des Dublin-Systems zu lesen. Mit der Öffnung der Binnengrenzen zwischen europäischen Staaten im Zuge des Schengener

Übereinkommens, das seit 1985 schrittweise immer mehr europäische Staaten betraf und zu immer mehr offenen europäischen Binnengrenzen führte, musste eine Antwort auf die potentielle Binnenwanderung von Asylsuchenden gefunden werden. Konnte man einen Flüchtling früher noch durch die Grenzkontrollen davor abhalten, in einen anderen europäischen Staat zu reisen, um dort ein weiteres Asylverfahren zu beginnen, fiel diese Form der Einschränkung nunmehr weg. An diese Stelle trat das Dublin-System mit dem Prinzip, dass jeder Flüchtling nur noch in einem – und zwar dem für ihn zuständigen – europäischen Staat seinen Asylantrag stellen sollte. Diesen Staat soll der Flüchtling sich auch nicht selbst aussuchen dürfen, sondern dieser bestimmt sich nach objektiven Kriterien der Dublin-VO. Wurde ein Antrag in einem Staat abgelehnt, führte das in einem Zweitstaat nicht mehr zu einem neuen Verfahren. In einem solchen Fall kommt es stattdessen zu einer Ablehnung des Asylantrags als unzulässig und der Rücküberstellung des Antragstellers in den zuständigen Staat.

Mit diesem letzten Hinweis ist auf eine Besonderheit verwiesen, die das Dublin-System kennzeichnet: nämlich den Umstand, dass die Überstellung eines Flüchtlings in den anderen Staat sich nicht bloß aus der Zuständigkeit ergibt. Vorliegen muss zunächst erst einmal ein förmlicher Antrag an den anderen Staat, den betreffenden Flüchtling zu übernehmen. Bereits dieser Antrag muss fristgerecht gestellt werden. Hinzukommen muss immer auch eine Übernahmeerklärung des Empfängerstaates, selbst wenn diese auch in einem Schweigen besteht und aus diesen Gründen fingiert wird. Als Drittes muss dann die Überstellung innerhalb von sechs Monaten durchgeführt werden. Wird diese Frist verfehlt, wechselt die Zuständigkeit wieder in den Staat zurück, in dem der Ausländer sich konkret befindet. All das soll gewährleisten, dass der Flüchtling wirklich nur dann überstellt wird, wenn zeitgleich feststeht, dass der jeweilige europäische Zielstaat zur Übernahme des Flüchtlings verpflichtet (und bereit) ist. In der Literatur wird dieses Ziel mit dem Grundsatz „no refugee in orbit" wiedergegeben.

Insgesamt sind es die drei Grundsätze, die das Dublin-Verfahren durchziehen:

- one chance only (nur ein Asylantrag in der Dublin-Zone)
- no cherry picking (keine freie Wahl des Asylstaats)

- no refugee in orbit (für einen Flüchtling gibt es immer einen zuständigen Staat; dass sich kein einziger europäischer Staat findet, der für den Geflüchteten zuständig ist, soll es nicht geben)

Ein wichtiger weiterer Inhalt der Dublin-Regelung ist der, dass hier nur Personen erfasst werden, die in Europa Schutz suchen. Stellt eine Person in Deutschland einen Asylantrag, die den Schutz bereits hat, weil sie in einem anderen EU-Staat bereits anerkannt worden ist oder in einem anderen EU-Staat den subsidiären Schutz erhalten hat, dann wird kein Dublin-Verfahren mehr durchgeführt. Für den Fall, dass ein Dublin-Verfahren begonnen wurde, wird es abgebrochen. In diesen Fällen gelten dann andere Vorschriften, die aber ebenfalls mit einer Ablehnung des Asylantrags wegen Unzulässigkeit und der Überstellung des Betreffenden in den Staat der Anerkennung verbunden sind.

Wichtig: Wer bereits in einem anderen EU-Staat als Flüchtling oder subsidiär Schutzberechtigter anerkannt worden ist, kann in Deutschlang in der Regel keinen zulässigen Asylantrag mehr stellen, er fällt nicht unter die Dublin-Regelung, ihm droht aber auch die Abschiebung in den EU-Staat der Anerkennung.

4.2.4 Die drei Anwendungsfälle von Dublin

Die Zuständigkeitsregeln der Dublin-III-VO kommen daher nur dann in den drei folgenden Fällen zur Anwendung:

- Jemand stellt in Deutschland seinen ersten Asylantrag (kein Asylantrag im übrigen Europa), für diesen Antrag ist aber aufgrund Einreise oder Visumerteilung oder anderer Vorschriften ein anderer Staat zuständig.
- Jemand hat in einem anderen Dublin-Staat einen Asylantrag gestellt, dieser Antrag ist aber noch nicht abschließend bearbeitet.
- Jemand stellt in Deutschland einen Asylantrag; er hat aber bereits in einem anderen Dublin-Staat einen Asylantrag gestellt, der abgelehnt ist oder den der Antragsteller zurückgenommen hat.

4.2.5 EURODAC-Datenbank

Das organisatorische Herzstück dieses Systems ist die Datenbank EURODAC. Dazu gehört auch die Verpflichtung der teilnehmenden Staaten, relevante Ereignisse, also das Stellen eines Asylantrags, die illegale Einreise und andere Tatbestände mit diesen Fingerabdrücken gemeinsam abzuspeichern. Der Nachweis von Fingerabdrücken in einem anderen Staat (hier spricht man von sogenannten „EURODAC-Treffern") ist meistens auch Grundlage für ein Ersuchen an den anderen Staat, den Flüchtling zu übernehmen oder zurückzunehmen.

Beispiel:

L ist über Sizilien nach Deutschland gelangt. Bei seiner Einreise hat die italienische Polizei seine Fingerabdrücke abgenommen und gespeichert. Eine EURODAC-Anfrage der deutschen Behörden ergab einen „Treffer der Kategorie 2" für Italien. Damit war dem BAMF klar, dass L in Italien die Außengrenze illegal überschritten hatte (EURODAC-Treffer 2 weist auf die illegale Einreise über eine Außengrenze in das Dublin-Gebiet hin).

Am 02.02.2016 richtete das BAMF ein Übernahmeersuchen an Italien, das noch am Folgetag angenommen worden ist. Die Überstellung von L konnte aber aus verschiedenen Gründen nicht mehr organisiert werden. Am 03.08.2016 war die Überstellungsfrist abgelaufen und die Zuständigkeit an Deutschland zurückgefallen. Das BAMF muss den Asylantrag nun im nationalen deutschen Verfahren prüfen.

4.2.6 Probleme mit Dublin-III

Das Dublin-System lebt von der Prämisse gleicher Bedingungen und Chancen in den verschiedenen europäischen Staaten, was aber zu keinem Zeitpunkt realistisch war. Unbeachtet ist auch, dass ein an objektiven Kriterien orientiertes System an den Wünschen und Lebensplänen der Betroffenen vorbei geht, was umso dramatischer wird, je ungleicher die wirtschaftlichen Verhältnisse in den verschiedenen Staaten sind und je weiter auch eine Mobilität nach einer Flüchtlingsanerkennung eingeschränkt ist. Die Perspektive nämlich, nach einer Anerkennung innerhalb der EU in den Wunschstaat weiterwandern zu können, ist nicht wirklich vorhanden, weil die Binnenfreizügigkeit für Drittstaatsangehörige (nach der Daueraufenthaltsrichtlinie) erst nach fünf Jahren beginnt – und auch das nur bei eigener Lebensunterhaltssicherung.

Am Beispiel Griechenlands konnte man beobachten, wie die höchstrichterliche Rechtsprechung in den europäischen Staaten einschließlich des EGMR (und mit Zustimmung des EuGH) die Dublin-Überstellungen für einen Staat immer umfänglicher aussetzten, weil das Asylsystem dort schwerwiegende Mängel aufwies und noch immer aufweist. Schließlich hat dann auch die deutsche Bundesregierung im Jahr 2012 eine generelle Erklärung abgegeben, Flüchtlinge nicht mehr nach Griechenland zu überstellen. Es ist aber nicht mehr nur Griechenland, das hier genannt wird. Mittlerweile begleiten die Berichte aus vielen europäischen Ländern die Dublin-Diskussion, sei es, dass dort der Zugang zu Wohnungen, zum Arbeitsmarkt oder sozialen und medizinischen Leistungen für Antragsteller im Argen liegen oder dass vereinzelte Staaten sogar geäußert haben, überhaupt keine Flüchtlinge mehr aufnehmen zu wollen.

„Problematische Dublin-Staaten":

- Griechenland
- Italien (derzeit keine Überstellungen von Familien mit kleinen Kindern)
- Ungarn, Malta, Bulgarien (hier setzen viele Gerichte die Überstellung aus)

Sofern ein erwachsener Geflüchteter einen dieser Staaten auf der Reise passiert hat und Anzeichen dafür bestehen, dass das Bundesamt eine Rücküberstellung dorthin anvisiert (weil dort etwa ein Asylantrag gestellt worden ist), sollte ein Rechtsanwalt eingeschaltet werden, der durch Akteneinsicht ermitteln kann, ob Fingerabdrücke in diesem anderen Staat vorliegen und ob eine Übernahme durch den anderen Staat droht.

4.2.7 Unbegleitete Minderjährige im „Dublin"-Verfahren

Auch UMF unterfallen der Dublin-VO; der Dublin-Verordnungsgeber hat sie aber besser behandeln wollen als Erwachsene. Und der Europäische Gerichtshof (EuGH) hat diese Stellung durch eine wichtige Entscheidung im Jahre 2013 nochmals verbessert.

Bei unbegleiteten Minderjährigen kann der Dublin-Staat zuständig werden, in dem sich ein Familienangehöriger, Geschwister oder Verwandte (Art. 8 Abs. 2 Dublin-III-VO) rechtmäßig aufhalten. Wer Familienangehöriger ist, wird in Art. 2 lit. g Dublin-III-VO definiert: Es sind Eltern und solche Erwachsene, die nach dem Recht des

Mitgliedstaates, in dem der Erwachsene sich aufhält, für den Minderjährigen verantwortlich sind. Zur Familie gehören auch die Eltern minderjähriger unverheirateter Kinder. Verwandte sind nach der Definition in Art. 2 lit. h Dublin-III-VO der volljährige Onkel, die volljährige Tante oder die Großeltern; auf Ehelichkeit kommt es nicht an, auch Adoption kann dieses Verhältnis vermitteln.

Bei dieser Art der Familienzusammenführung (siehe hierzu auch Kapitel XII.3) ist immer das Kindeswohl zu beachten. Dieses entscheidet auch darüber, bei welchem Familienangehörigen das Verfahren fortgeführt wird, wenn es Familienangehörige in mehreren Staaten gibt. Fehlt es im Dublin-Gebiet an einem solchen Familienangehörigen, dann wird der Staat der Antragstellung zum zuständigen Staat (Art. 8 Abs. 4 Dublin-III-VO). Letztere stellt die wichtigste Norm für die Zuständigkeit bei unbegleiteten Minderjährigen dar.

Praxis-Tipp:
Es ist zu ermitteln, ob es im Geltungsbereich der Dublin-III-VO nahe Angehörige des UMF gibt.

Gibt es diese Verwandten in Europa nicht, gilt, dass der Staat für die Prüfung des Asylantrags zuständig ist, in dem der UMF den Antrag stellt (Art. 8 Abs. 1 Dublin-III-VO). Entscheidend ist, dass er diesen Antrag auch als UMF, also noch zum Zeitpunkt seiner Minderjährigkeit, stellt.

Falls der Minderjährige aber bereits zuvor einen Schutzantrag in einem anderen Mitgliedstaat gestellt hat, müsste der unbegleitete Minderjährige nach dieser Regelung in den ersten Staat der Antragstellung rücküberstellt werden. Da sich hier aber in das Kriterium des Ortes der Antragstellung auch die Prüfung des Kindeswohls mischt, hat der EuGH am 06.06.2013 in einem solchen Fall geurteilt, dass bei unbegleiteten Minderjährigen mit Rücksicht auf eben dieses Kindeswohl der Ort der aktuellen Antragstellung maßgeblich ist.

Zu beachten ist außerdem das in Art. 7 Abs. 2 Dublin-III-VO niedergelegte Prinzip der „Versteinerung" für die Beurteilung der Verhältnisse. Es besagt, dass später immer von den Verhältnissen auszugehen ist, die zum Zeitpunkt der ersten Schutzantragstellung galten, z. B. bei der Frage, ob es einen nach dem Recht eines Mitgliedstaates verantwortlichen Erwachsenen gibt. Wurde eine Vormundschaft erst später eingerichtet, wirkt diese sich nicht mehr aus.

Es gilt daher die Faustregel, dass sich bei Dublin-Verfahren von unbegleiteten Minderjährigen alles auf die Suche nach Verwandten konzentriert; gibt es diese nicht, ist der Staat der Antragstellung zuständig. Zu beachten ist aber, dass der Asylantrag in der Bundesrepublik noch vor dem 18. Geburtstag gestellt wird.

Checkliste für die Zuständigkeit Deutschlands bei UMF:

- Asylantrag in Deutschland gestellt
- Minderjährigkeit zum Zeitpunkt der Asylantragstellung
- keine Familienangehörigen, Geschwister oder Verwandte in anderen Dublin-Staaten
- → Deutschland ist nach Dublin-III-VO für den UMF zuständig

4.2.8 Dublin-Befragung

Obwohl UMF, wenn rechtzeitig für sie ein Asylantrag gestellt wurde, in der Regel keine Probleme im Dublin-Verfahren haben, wird mit ihnen trotzdem eine Dublin-Befragung durchgeführt. Zuständig hierfür ist – wie für das gesamte Asylverwaltungsverfahren – das BAMF.

Die Dublin-Befragung erfolgt spätestens nach Asylantragstellung, hin und wieder bereits davor. Häufig wird die Dublin-Befragung auch mit der Anhörung zu den Fluchtgründen (dem sogenannten *Interview*) verbunden. Schließlich besteht noch die Möglichkeit, dass das BAMF nach der Asylantragstellung einen Dublin-Fragebogen mit der Bitte um Beantwortung übersendet.

Unabhängig davon, welche der vorstehenden Varianten gewählt wird, ist im Zuge der Dublin-Befragung stets ein Fragenkatalog zu beantworten, welcher bei UMF – anders als bei erwachsenen Antragstellern – im Wesentlichen dazu dient, zu klären, ob es Eltern/Geschwister/Onkel/Tanten/Großeltern gibt, mit denen das Kind oder der Jugendliche zusammengeführt werden möchte.

Vorsicht ist geboten, wenn – wie in einer neueren Version des Fragenkatalogs – während der Dublin-Befragung bereits die Fluchtgründe dargelegt werden sollen. Hierzu sollte sicherheitshalber eine Vorbereitung mit dem UMF stattfinden, damit keine Widersprüche zwischen der (oberflächlichen) Darstellung der Fluchtgründe in der

Dublin-Befragung einerseits und den Angaben in der Anhörung zu den Fluchtgründen andererseits entstehen.

4.3 Anerkannte (oder Schutzberechtigte) in anderen Staaten (EU-Staaten oder sonstige Drittstaaten)

4.3.1 Dublin-Regeln gelten nicht für Anerkannte

Die Dublin-Verordnung regelt die Zuständigkeit für die Prüfung eines Asylantrags, sie gibt Antwort auf die Frage, in welchem Land der Antrag geprüft wird. Allerdings gilt das nur solange, wie entweder überhaupt noch kein anderweitiger Asylantrag gestellt worden ist – oder sofern dieser noch nicht oder negativ beschieden wurde. Das waren, wie oben dargestellt, auch die Ziele der Dublin-Regelung. Man will verhindern, dass sich ein Flüchtling für seinen ersten Antrag einen Asylstaat selbst aussucht, während nach der Dublin-Regelung aber ein anderer Staat zuständig ist.

Überdies soll verhindert werden, dass ein Antragsteller in der Zeit, während sein Asylverfahren noch in dem ersten Staat läuft, in einen zweiten Staat wechselt. Schließlich, wollte man das „asylum hopping" verhindern, also dass ein Antragsteller nach Erhalt einer Ablehnung in den nächsten Staat übersiedelt, um es dann dort noch einmal zu versuchen. Hier gilt der Grundsatz des „one chance only". Folglich bestimmt die Dublin-VO, dass der Antragsteller wieder an den Staat der ersten Antragstellung zurückzukehren hat und in Europa auch kein weiteres Verfahren mehr erhält.

4.3.2 Anerkannte in anderen EU-Staaten

VIII

Eine Konstellation allerdings, die von „Dublin" nicht umfasst ist, ist der Fall, dass ein Flüchtling bereits in einem anderen Staat die Anerkennung erhalten hat, trotzdem aber sich nicht dort ansiedelt, sondern in einem anderen EU-Staat die Asylanerkennung beantragt. Dieser Fall ist nicht von Dublin geregelt.

Beispiel:

Die 19-jährige K aus Somalia wurde in Ungarn als Flüchtling anerkannt. Sie ist in Ungarn aus vielen Gründen sehr unglücklich und reist mit anderen Somaliern nach Deutschland, wo sie einen weiteren Asylantrag stellt.

Wer einen Asylantrag stellt, der eine Anerkennung in einem anderen EU-Staat hat, bekommt in Deutschland nicht noch ein weiteres Asylverfahren. Sein Antrag wird nach dem neuen § 29 AsylG als unzulässig abgelehnt. Das dahinterliegende Argument ist, dass diese Person den Schutz nicht mehr benötigt. Wer einen Flüchtlingsstatus aus einem anderen EU-Staat besitzt, dem mutet man zu, seinen Schutz dort in Anspruch zu nehmen. Eine Weiterwanderung nach Deutschland ist dann nur nach den strengen Regeln der EU-Daueraufenthaltsrichtlinie möglich, das aber setzt einen fünfjährigen Aufenthalt mit Erwerb der EU-Daueraufenthaltserlaubnis in dem betreffenden anderen Staat voraus.

Wichtig: Wem in einem anderen Staat bereits eine Flüchtlingsanerkennung oder der subsidiäre Schutz verliehen worden ist, fällt nicht mehr unter die Dublin-III-VO. In solchen Fällen wird das Bundesamt den Asylantrag nach § 29 Abs. 1 Nr. 2 AsylG als unzulässig ablehnen und die Abschiebung in den Staat der Anerkennung androhen. Mit Dublin hat diese Abschiebung nichts zu tun, sie folgt den allgemeinen Übernahmeregeln.

4.4 Zusammenfassung: Fälle mit Bezug zu einem anderen Staat

Wer in einem anderen Staat der EU bereits einen internationalen Schutz erhalten hat, kann in der Bundesrepublik normalerweise keinen zulässigen Schutzantrag mehr stellen. Das Gleiche gilt für Menschen, die schon in einem anderen Staat sicher vor Verfolgung waren und der sie wieder zurücknimmt. Schließlich ist der Asylantrag immer dann unzulässig, wenn aufgrund der Dublin-Verordnung ein anderer Staat für die Prüfung des Schutzantrags zuständig ist.

4.5 UMF mit einer Anerkennung in einem anderen EU-Staat

Der § 29 Abs. 1 Nr. 2 AsylG gilt auch für UMF.

Beispiel:

Der 16-jährige L ist ein unbegleiteter Flüchtling aus Eritrea. Ihm wurde in Italien der subsidiäre Schutz zuerkannt. Er reist weiter nach Deutschland, wo er in Obhut genommen wird.

Auch der UMF hat nach einer anderweitigen Anerkennung in einem Staat der EU keinen Anspruch mehr, in Deutschland anerkannt zu werden. Einen Schutz bekommt er nicht. Anerkannte UMF teilen also das Schicksal von anerkannten Erwachsenen. Das heißt in seinem Fall dann aber nicht, dass er dann auch in den anderen EU-Staat abgeschoben werden wird. Hiergegen kann das Kindeswohl eingewandt werden mit dem Argument, dass dem Minderjährigen eine neuerliche Entwurzelung nicht zumutbar ist. Im Übrigen müssten für ihn auch die Aufnahmebedingungen zur Verfügung stehen. Das ergibt sich jedenfalls aus den allgemeinen Vorschriften zum Kindeswohl.

5. Die Anhörung zu den Verfolgungsgründen

5.1 Der Geflüchtete zwischen Darlegungslast und Amtsermittlungsgrundsatz

5.1.1 Darlegungslast

Die Anhörung (oder das „Interview", wie es von den Betroffenen zumeist genannt wird) ist das Herzstück des Asylverfahrens. Hier soll der Antragsteller seine Gründe schildern, weswegen er nicht mehr in sein Herkunftsland zurückkehren kann. Was hierzu genau vorzutragen ist und inwieweit das Bundesamt hierbei auch in der Pflicht ist, hat das Gesetz knapp mit zwei Grundprinzipien umrissen: Das Gesetz bürdet zunächst dem Geflüchteten eine Darlegungslast auf. Der § 25 Abs. 1 AsylG verlangt von ihm nämlich, selbst die Tatsachen vorzutragen, die seine Verfolgungsfurcht oder den drohenden Schaden begründen. Das richtet sich ganz besonders auf die persönlichen und individuellen Lebensumstände und Erlebnisse des Geflüchteten, die das Bundesamt nicht kennen kann.

§ 25 Abs. 1 Satz 1 AsylG:

„Der Ausländer muss selbst die Tatsachen vortragen, die seine Furcht vor Verfolgung oder die Gefahr eines ihm drohenden ernsthaften Schadens begründen, und die erforderlichen Angaben machen."

5.1.2 Amtsermittlungsgrundsatz

Wenn der Geflüchtete aber seine persönliche Seite geschildert hat, geht die Pflicht auf das Bundesamt über, die damit verbundene allgemeine Situation des Betroffenen zu ermitteln oder gar die Konsequenzen zu beschreiben, die aus dem persönlichen Schicksal folgen. Das Bundesamt hat, und hierauf können sich der Geflüchtete und seine Berater berufen, den Sachverhalt insoweit nämlich aufzuklären und erforderliche Beweise zu erheben. In der Praxis bedeutet das, dass das Bundesamt sich ausgehend von dem, was vom Geflüchteten vorgetragen wurde, ein umfassendes Bild von der Gefährdung des Betroffenen zu machen hat. Es hat sich dabei auch nicht auf die persönlich geäußerte Verfolgungsfurcht zu beschränken, sondern muss auch solche Gründe prüfen, die der Antragsteller nicht genannt hat, die sich aber aus dem geschilderten Fall ergeben.

§ 24 Abs. 1 Satz 1 AsylG:

„Das Bundesamt klärt den Sachverhalt und erhebt die erforderlichen Beweise."

5.1.3 Die konkrete Darlegungslast im Einzelfall

Mit diesen beiden sich gegenüberstehenden Anforderungen ist die Ermittlungslage bei der Anhörung umschrieben. Je individueller ein Geschehensablauf ist, umso mehr trifft den Geflüchteten die Obliegenheit, Vorgänge und Sachverhalte zu schildern. Je allgemeiner und objektiver Geschehen und Sachverhalte sind, desto mehr ist das Bundesamt in der Pflicht. Natürlich ist dem Antragsteller immer auch zu raten, die allgemeinen Erkenntnisse, die sein Land betreffen, dem Bundesamt zugänglich zu machen, wenn hier das Amt noch nicht von sich aus vertiefende Kenntnisse hat oder sich anzueignen im Begriff ist.

Übersicht über die Darlegungslast bei der Anhörung:

Vom Geflüchteten darzulegen (§ 25 Abs. 1 AsylG)	**Amtsermittlungspflicht des Bundesamtes (§ 24 Abs. 1 AsylG)**
Individuelles, privates Geschehen	Allgemeine Sachverhalte
K ist Sympathisant der oppositionellen R-Partei, er hat an mehreren informellen Treffen teilgenommen. K hat für die R-Partei Propagandamaterial versteckt bzw. transportiert.	Verfolgungsgefahr eines Oppositionellen, der mit der R-Partei sympathisiert oder sie unterstützt, Lage der Oppositionsparteien, Verfolgungspraxis, Verfolgungsmethoden
R ist ein 5-jähriges Mädchen aus Dschibuti und gehört der Ethnie der Afar an.	Gefahr der drohenden Genitalverstümmelung ist vom Bundesamt zu ermitteln
L ist an Diabetes erkrankt und bedarf einer bestimmten Behandlung.	Versorgungslage im Herkunftsland, Verfügbarkeit von Insulin, Erreichbarkeit von Ärzten usw.

Gerade aber das letzte Beispiel zeigt, dass diese Aufteilung nicht schematisch vorgenommen werden darf. Beschreibt ein Geflüchteter glaubhaft bestimmte Symptome einer Krankheit, fällt die Aufklärung darüber, ob der Geflüchtete an einer bestimmten Krankheit leidet und welche Behandlungsbedürftigkeit sich daraus ergibt, wieder in das Feld der Amtsermittlung.

5.1.4 Verspätetes Vorbringen

Die Anhörung ist dem Gesetze nach auf die konzentrierte Schilderung aller ins Gewicht fallender Tatsachen gerichtet. Folglich stellt es in § 25 Abs. 3 AsylG die Regel auf, verspätetes Vorbringen nach der Anhörung nicht mehr zu berücksichtigen. Dieser Satz gilt aber nicht ausnahmslos. Er gilt nicht für ein sich anschließendes Gerichtsverfahren und die dortige mündliche Verhandlung. Wird die Entscheidung des Bundeamtes also bei Gericht angefochten, dann können in einem Hauptsacheverfahren alle Gründe vorgetragen werden, auch wenn sich darunter Gründe finden, die in der Anhörung überhaupt nicht genannt worden sind. Bei Eilverfahren gilt das allerdings so nicht, hier könnte es sich negativ auswirken, wenn wichtige Gründe erst nach der Anhörung bekannt gegeben werden (§ 36 Abs. 4 Satz 2 AsylG).

Zweitens gilt diese Vorschrift nur für die Fälle, in denen das verspätete Vorbringen die Entscheidung auch wirklich verzögert, das ist aber so gut wie nie der Fall. Denkbar wäre das, wenn der Geflüchtete kurz vor dem Tag der Entscheidung eine neue Schilderung abgibt, die ein Nachforschen des Amtes erforderlich macht, das dann zur Verzögerung führen würde. Ausgenommen von der Regelung sind natürlich alle Gründe, die sich erst nach der Anhörung ergeben haben. Stellt sich nach der Anhörung heraus, dass sich Verhältnisse im Herkunftsland verschlimmert haben, ist dies vom Bundesamt selbstverständlich noch zur Kenntnis zu nehmen.

Das Nachreichen von Erklärungen ist daher nicht so strikt ausgeschlossen, wie das beim ersten Lesen des Paragrafen anklingt. Allerdings besteht die Gefahr bei einem solchen Vorbringen, dass das Amt Jemandem mit nachgereichten Informationen nicht mehr glaubt oder sogar das gesamte Vorbringen in Zweifel zieht. Dahinter steckt die – menschlich verständliche – Regung, dass man davon ausgeht, dass wichtige Dinge gleich erzählt werden und nicht erst später nachgeschoben werden. Hierbei handelt es sich um die von Behörde und Gericht so oft als Indiz der Unglaubhaftigkeit genannten „Steigerungen". Auch das kann natürlich seine Gründe haben. Diese Frage wird in dem Abschnitt über die Kriterien der Glaubhaftigkeit von Aussagen erneut aufgenommen.

Als Grundsatz lässt sich aber anführen: Verspätetes Vorbringen ist immer dann unschädlich, wenn es die Entscheidung nicht verzögert und wenn es keine neuen Wendungen im Verfolgungsschicksal mit sich bringt, so dass Zweifel an der Glaubhaftigkeit aufkommen.

Das Nachreichen von Dokumenten, die das bereits Geschilderte bestätigen und die der Geflüchtete erst später nachgesandt erhalten hatte, oder deren Wichtigkeit sich erst durch die Anhörung ergeben hat – und die er deswegen nicht gleich mitgebracht hatte, ist immer unschädlich.

5.2 Die Anhörung von Minderjährigen

5.2.1 Das Mindestalter für eine Anhörung

Unbegleitete Minderjährige unter 14 Jahren werden vom Bundesamt in der Regel nicht angehört. Das ist auch in der Dienstanweisung entsprechend niedergelegt. Dem Vormund eines UMF unter 14 Jahre ist in diesem Fall aber unter Umständen geraten, schriftlich die Gründe an das BAMF mitzuteilen. Er kann auch darum ersuchen, die Anhörung des unter 14 Jahre alten Kindes durchzuführen, wenn dies im Einzelfall besonders geboten ist. Auch umgekehrt kann das Bundesamt in Ausnahmefällen, wenn es gerade auf die Schilderung des Kindes ankommt, die Anhörung ansetzen. Das dürfte sehr selten sein, und kommt eher bei begleiteten Kindern vor, wenn der Verdacht besteht, dass diese Opfer familiärer Gewalt werden oder geworden sind. Es versteht sich von selbst, dass die Anhörung eines derart jungen Antragstellers besondere Rücksichten verdient. In der Verfahrensrichtlinie ist dazu geschrieben, dass die Anhörung kindgerecht erfolgen müsse.

5.2.2 Die Person des Anhörers/der Anhörerin bei UMF

Die Anhörung von unbegleiteten Minderjährigen soll beim Bundesamt von sogenannten Sonderbeauftragten für UMF durchgeführt werden. Das ist Personal des Bundesamtes, das für die Belange der besonders schutzbedürftigen Minderjährigen besonders geschult ist. Gegenstand dieser Schulung ist die Befragung dieser Menschen, die durch die Trennung von ihren Eltern und ihrem

Umfeld, aber auch durch viele andere Erlebnisse möglicherweise traumatisiert sind. Hier gilt, dass Fragen altersangemessen gestellt werden müssen. Im Zweifel kann es auch angezeigt sein, belastende Themen nicht weiter zu vertiefen, sondern mit Rücksicht auf den Minderjährigen ohne Konsequenzen für die Glaubhaftigkeit des Vorbringens unaufgeklärt zu lassen.

5.3 Die Durchführung der Anhörung beim Bundesamt

5.3.1 Die Ladung zur Anhörung

Zu der Anhörung wird der Antragsteller schriftlich in eine Außenstelle des Bundesamtes geladen. Die Ladung eines UMF erfolgt gegenüber dem Vormund oder, soweit vorhanden, dem Ergänzungspfleger/Mitvormund, der für das Asylverfahren zuständig ist. Für die Anhörung wird auch ein Sprachmittler geladen. Da zumeist mehrere Antragsteller auf eine Uhrzeit geladen werden, ist mit Wartezeiten zu rechnen. Wer auf Wunsch des UMF oder seiner Vertreter noch weiter teilnahmebefugt ist, wird unten erläutert.

Ein wichtiges Recht des Antragstellers ist es, die Verlegung des Termins zu beantragen. Das ist nicht nur dann geboten, wenn der UMF aus eigenen wichtigen Gründen den Termin nicht wahrnehmen kann. Gerechtfertigt ist die Terminverlegung, wenn Vormund oder Rechtsanwalt an diesem Tag verhindert sind. Dass eine Anhörung des UMF ohne Anwesenheit seines Vormunds nicht zulässig ist, liegt auf der Hand. Im Streitfall kann das aber mit dem Verweis auf die EU-Verfahrensrichtlinie (Art. 25 Abs. 1b) belegt werden. Auch auf den Terminplan eines Rechtsanwalts ist Rücksicht zu nehmen, sonst wäre das Recht auf Hinzuziehung des Rechtsanwalts, das jedem Asylsuchenden zusteht, von dem guten Willen des Bundesamts abhängig.

Gerade wenn (mehrere) Personen die Anhörung begleiten wollen, empfiehlt es sich, das dem Bundesamt vorher mitzuteilen, nicht zuletzt schon deswegen, um einen genaueren Zeitpunkt der Anhörung zu vereinbaren und so lange Wartezeiten auf dem Flur zu vermeiden.

5.3.2 Unmittelbarkeit und Vertraulichkeit der Anhörung

Die Anhörung muss unmittelbar zwischen dem Anhörer und dem Betroffenen erfolgen, eine Anhörung unter Zuschaltung über Videotechnik scheidet bei UMF aus. Die Vertraulichkeit der Anhörung erfordert es außerdem, dass die Anhörung in einem einzelnen abgeschlossenen Raum (und nicht in Großraumbüros) stattfindet und dass die Öffentlichkeit ansonsten ausgeschlossen ist. Die in der Anhörung gegebenen Informationen dürfen nicht an Dritte weitergegeben werden. Es begegnet häufig die Sorge der Betroffenen, dass Personen oder Institutionen im Herkunftsland über den Inhalt der Anhörung informiert werden könnten; ein solches Verhalten auf Seiten des Bundesamts wäre aber eine schwere Verfehlung.

5.3.3 Dolmetscher oder Sprachmittler

Für die Anhörung soll ein Sprachmittler geladen werden, der die Muttersprache des Geflüchteten spricht. Steht ein solcher nicht zur Verfügung, kann ein Sprachmittler für eine Sprache herangezogen werden, „deren Kenntnis" beim Antragsteller „vernünftigerweise vorausgesetzt werden kann und in der er sich verständigen kann." (§ 17 AsylG). Selbstverständlich kann auf einen Dolmetscher verzichtet werden, wenn der Antragsteller gut Deutsch spricht. Bei UMF, die hier zur Schule gehen, bietet sich das mitunter an.

Ein leider immer wieder aufgeworfenes Thema ist die Frage, ob ein Übersetzer wegen des Verdachts der Befangenheit oder auch wegen mangelnder Kompetenz abgelehnt werden kann. Hier muss man differenzieren: Befangenheit der Übersetzungsperson kann ebenso wenig hingenommen werden wie ein befangener Entscheider. Allerdings muss der Verdacht auf sachlichen Gründen fußen. Die Befürchtung, der Angehörige einer anderen Ethnie könne das Asylbegehren gar nicht unverfälscht wiedergeben, ist in dieser pauschalen Weise ungeeignet, den Verdacht der Befangenheit zu begründen. Hier müsste vom Antragsteller eine substantiierte Mitteilung verlangt werden, was genau diese Befürchtung nährt.

Auch die mangelnde Eignung ist ein problematisches Thema, zumal das Bundesamt im Zuge der vielen Asylanträge neue Dolmetscher beschäftigt, deren Sprachkenntnisse es nicht sonderlich intensiv geprüft hat. Stellt sich heraus, dass der Dolmetscher in der Anhörung die deutsche Sprache nicht ausreichend beherrscht oder dass er Sachverhalte inhaltlich falsch übersetzt, ist das anzumahnen. Die Wirkungen einer falschen Übersetzung sind unübersehbar. Nur selten lässt sich das anhand des Protokolls später rekonstruieren. Und auch Tonaufzeichnungen stehen für diese Zwecke nicht zur Verfügung.

Der Betroffene wird immer gefragt, ob die Verständigung mit dem Dolmetscher funktioniert. Diese Frage sollte der Geflüchtete nicht leichtfertig bejahen, wobei auch anzumerken ist, dass es schwierig ist, Verständigungsfehler zu entdecken, wenn man nur die eine der Sprachen versteht. Der ausländische Antragsteller wird es aber auch möglicherweise für unhöflich halten, dem Übersetzer mangelnde Kenntnisse der gemeinsamen eigenen Sprache ins Gesicht zu sagen.

Zur Korrektur der Übersetzung kann der Antragsteller aber immer auch einen Dolmetscher seines Vertrauens (und auf eigene Kosten) zur Anhörung hinzuziehen (§ 17 Abs. 2 AsylG). Allerdings ist diesem Dolmetscher die Mitwirkung an der Befragung nicht gestattet. Es ist allerdings gestattet, dass der Antragsteller sich mit dem Dolmetscher seines Vertrauens während der Anhörung bespricht. Auf diese Weise kann dann der Antragsteller etwaige Fehler berichtigen.

5.3.4 Inhalt und Ablauf der Anhörung

Die Anhörung wird mit einer Reihe von Fragen zur Person des Antragstellers eröffnet. Sie beziehen sich auf die Personalien, den familiären Hintergrund und die Ausbildung. Gefragt wird nach der letzten Anschrift und dem Zeitpunkt der Ausreise.

Dann wird der Reiseweg, wenn er nicht vorher schon Gegenstand einer gesonderten Befragung war, ermittelt. Sodann kommt die Frage nach dem Verfolgungsschicksal. Sie wird offen gestellt, dem Antragsteller wird bedeutet, die Gründe zu nennen, warum er nicht mehr in sein Herkunftsland zurückkehren könne, warum er Furcht vor Verfolgung habe oder ihm ein ernsthafter Schaden drohe.

Die EU-Verfahrensrichtlinie führt hierzu aus, dass dem Antragsteller hier die Gelegenheit gegeben werden solle, im Zusammenhang zu berichten. Die Fragen der Anhörer sollen sich somit nur darauf richten, die Erzählung voranzubringen (z. B. mit Fragen wie „was war dann?"). Erst dann kommen die Nachfragen des Anhörers, die den Sachverhalt weiter aufklären sollen.

5.3.5 Die Anhörungsniederschrift (das Protokoll)

Über die Anhörung ist eine Niederschrift anzufertigen, die dem Ausländer spätestens mit der Entscheidung zugänglich zu machen ist. So bestimmt es das Gesetz (§ 25 Abs. 7 AsylG). Die Anhörungsniederschrift ist von entscheidender Bedeutung; hieran orientiert sich die Entscheidung des Bundesamts und die Entscheidung des Gerichts.

Sogar lange Zeit später, wenn der Fall längst geschlossen ist, kann es die Ausländerbehörde sein, die unter Hinweis auf die Angaben eines Geflüchteten im Protokoll Rückfragen zu Verwandten oder früheren Adressen im Herkunftsland hat.

Das Anhörungsprotokoll ist ganz besonders bedeutsam, wenn Anhörer und Entscheider nicht personenidentisch waren. Praktisch bedeutet das, dass eine Person den einzelnen Fall auf der Grundlage eines fremdverfassten Anhörungsprotokolls entscheidet, selbst aber weder den Betroffenen persönlich erlebt hat, noch die gestellten Fragen ausgewählt hat.

Dieses Auseinanderfallen von Anhörer und Entscheider, das aus Gründen der Effizienz vom Bundesamt eingeführt worden ist und inzwischen nicht mehr regelmäßig Anwendung findet, darf aber nicht zu Lasten des Antragstellers gehen. Diese Gefahr besteht jedoch – nicht nur, weil entscheidende emotionale Regungen, die der Anhörer nicht im Protokoll verschriftlicht hat, untergehen können. Ein Leser könnte sich an Antworten stoßen, die er für unzureichend hält, die für den Anhörer aber aufgrund eines persönlichen Eindrucks der Stimmigkeit aber keine Rückfragen notwendig machten. In der Gerichtspraxis wird dieses Auseinanderfallen auch nicht uneingeschränkt gebilligt, gerade dann, wenn der Entscheider aufgrund des Protokolls Entscheidungen über das Aussageverhalten des Antragstellers trifft, z. B. wenn er seine Antworten für ausweichend erachtet.

Von Beraterseite ist daher zum einen darauf zu achten, dass bereits die Anhörungsniederschrift korrekt ist, zum anderen wird bei einer Anfechtung des Bescheides sehr viel darüber auszuführen sein, wie die Anhörung zu interpretieren ist.

5.3.6 Die Rolle des Vormunds/Anwalts bei der Anhörung

Dem gesetzlichen Vertreter und dem Rechtsanwalt kommt in der Anhörung eine wesentliche, aber im besten Fall unauffällige Aufgabe zu. Es ist ihre Aufgabe, zu kontrollieren, ob die Anhörung umfassend, fair und dem UMF gegenüber zugewandt verläuft. Sie haben auch darauf zu achten, dass Widersprüche aufgedeckt und fehlende Angaben ergänzt werden.

Das ist insbesondere dort anzuraten, wo der Anhörer keine weitere Sachaufklärung betreibt.

Beispiel:

A und B berichten, für ihre Flucht mit dem Flugzeug aus Teheran den Betrag von über 15.000 US$ aufgewendet zu haben. Der Anhörer stellt hierzu keine weiteren Fragen. Später, vor Gericht, kommt die Frage auf, wie A und B als angeblich Verfolgte das Land denn unbehelligt über den Flughafen haben verlassen können. Der Aussage, dass das Geld seinerzeit auch für die Bestechung eines Beamten bei der Ausreisekontrolle gezahlt worden sei, schenkt das Gericht keinen Glauben, da dies nicht schon bei der Anhörung gesagt worden sei.

Diese ergänzenden Fragen sind auch wichtig, wenn der UMF entscheidende Angaben in der Aufregung vergisst oder auch, wenn erkennbar wird, dass die Angaben, so wie sie gemacht werden, vom Anhörer nicht oder falsch verstanden werden.

Rechtsanwalt und Vormund haben auch die Aufgabe, auf die Korrektheit des Protokolls zu achten.

5.4 Die Kriterien für die Glaubhaftigkeit

5.4.1 Glaubhaftigkeit und Glaubwürdigkeit

Glaubhaftigkeit ist eine Bewertung, die sich – anders als die Glaubwürdigkeit – auf eine Aussage bezieht. Eine Aussage ist glaubhaft oder unglaubhaft, die Quelle der Aussage ist dann glaubwürdig oder unglaubwürdig. In den Asylverfahren steht allerdings fast immer die Glaubhaftigkeit im Zentrum.

Das Bundesamt prüft die Glaubhaftigkeit einer Aussage anhand von drei Kriterien, die man in den Bescheiden des Amtes finden kann und die übrigens auch in § 30 Abs. 3 Nr. 1 AsylG aufgezeigt werden. Das ist zwar die Regelung der „offensichtlich unbegründeten" Asylanträge, aber die Grundaussage, woran ein unglaubhafter Vortrag zu erkennen ist, lässt sich dort entnehmen und auf die Fälle „einfacher" Unbegründetheit übertragen. Es kommt für eine glaubhafte Darstellung demnach darauf an, dass der Vortrag eines Asylsuchenden substantiiert ist, widerspruchsfrei und nicht mit bekannten Tatsachen (oder Annahmen), die man über die Verhältnisse im Herkunftsland hat, unvereinbar ist.

5.4.2 Substantiiertes Vorbringen

Mit der Forderung nach substantiiertem Vortrag ist die Annahme verbunden, dass ein Mensch, der ein Geschehen selbst erlebt hat, dieses detailreich und mit Einzelheiten illustriert berichten kann. Dazu gehören auch subjektive Färbungen, etwa die Gedanken, Erwartungen und Gefühle, die jemand in den berichteten Situationen hatte. Dazu können aber auch überraschende Wendungen und belanglose Einzelheiten gehören, die für den Gang des Geschehens unerheblich sind. Solche Einzelheiten können auch im Verlaufe der Erzählung hinzutreten. In der Literatur zur Aussagenpsychologie ist hier dann auch davon zu lesen, dass eine selbsterlebte Schilderung daran erkannt werden kann, dass die Schilderung zeitlich unlogisch und auch durchaus variantenreich erzählt werden kann, sofern der Kern des Geschehens unverändert bleibt.

Beispiel:

Wer von dem Ausbruch aus einer Haft berichtet, kann verschiedene Stadien der Planung berichten, aber auch Versuche und Probleme, die sich planwidrig ergaben. Er könnte auch Hoffnungen und Enttäuschungen zum Thema machen und wüsste auch zu sagen, welche Rolle andere an dem Ausbruch Beteiligte hatten oder hätten haben sollen.

Dieses Beispiel zeigt, dass gerade komplexe soziale Sachverhalte wie der gemeinschaftliche Ausbruch aus einer Haftanstalt oder die Organisation einer Ausreise hohe Anforderungen an die Plastizität einer Berichterstattung stellen.

In der Praxis kommt es dabei auch zu Missverständnissen, weil der Antragsteller Sachverhalte, die er gar nicht eindeutig wissen kann, die er nur vermutet oder sich überhaupt nicht erklären kann, mit dem Siegel des Wissens präsentiert, weil er befürchtet, sonst als unglaubhaft zu erscheinen.

Beispiel:

A wird gefragt, warum er von der Polizei festgenommen worden sei. Er antwortet, weil er regimekritische Flugblätter morgens vor Gottesdienstbeginn in einer Kirche ausgelegt habe. Auf die Nachfrage, wie denn die Polizei von seiner Tätigkeit erfahren habe, antwortet er, dass der Kirchendiener ihn gesehen und an die Polizei gemeldet habe.

Der Antragsteller begibt sich mit dieser Antwort auf den Bereich der Vermutung, wird aber vom Bundesamt dahin verstanden, dass er sicheres Wissen wiedergibt.

5.4.3 Widerspruchsfreie Berichte

Das Kriterium der Widerspruchsfreiheit bezieht sich auf die Konsistenz der gesamten Erzählung, die eine Person macht. Widersprüche können sich hier durch verschiedene Berichte zum gleichen Geschehen ergeben. Das muss nicht erst der Fall sein, wenn es eine weitere Anhörung gibt, die dann mit dem Protokoll der ersten Anhörung verglichen wird. Widersprüchliche Aussagen können auch innerhalb einer Anhörung vorkommen, wenn das Geschehen später nochmal in einem anderen Zusammenhang aufgeworfen wird.

Beispiel:

K berichtet, dass er immer alleine zu den Demonstrationen gegangen sei. In einem anderen Zusammenhang erzählt er davon, wie er sich mit einem anderen Sympathisanten der Regierungsgegner vor einer Demonstration verabredet hatte.

Weniger schnell zu erkennen sind aber logische Widersprüche, die sich erst bei der Gesamtbetrachtung ergeben. Diese sind dann aber ein sehr schwer zu widerlegendes Indiz dafür, dass die vorgetragene Geschichte nicht stimmt.

Beispiel:

Ein Mann berichtet, drei Jahre inhaftiert gewesen zu sein. Im Fragenteil zu seinem familiären Hintergrund hatte er angegeben, ein Kind zu haben. Auf die Frage des Anhörers, wie alt denn das Kind gewesen sei, als er nach der Flucht aus der Haft kurz seine Familie wiedergesehen habe, antwortet er, das Kind sei etwa zwei Jahre alt gewesen.

Das Bundesamt wertet diesen Widerspruch als gravierendes Indiz für die Unglaubhaftigkeit und glaubt die gesamte Inhaftierung nicht.

5.4.4 Vereinbarkeit mit Hintergrundwissen oder Lebenserfahrung

Das dritte Kriterium ist die Vereinbarkeit mit Vorwissen oder allgemeiner Lebenserfahrung.

Berichte über die Diskriminierung wegen seiner sexuellen Orientierung, die ein Geflüchteter abgibt, können mit den Informationen abgeglichen werden, die man über die menschenrechtliche Lage in einem Land hat. Auch Vorstellungen über den Ablauf von Geschehnissen kommen hier zum Tragen.

Beispiel:

Der regimekritische L berichtet, unbehelligt mit seinem eigenen Pass über den Flughafen in X-Stadt ausgereist zu sein.

Das Bundesamt glaubt die politische Gefährdung des L nicht und schreibt in seinem Bescheid, dass es allgemeinen Erfahren entspreche, dass man Personen, derer man habhaft werden wolle, durch Kontrollen am Flughafen an der Ausreise hindert.

An diesem Kriterium ist problematisch, dass das Bundesamt hier Wissen zum Maßstab macht, das durchaus auch ungesichert oder auch nicht mehr aktuell sein kann. In solchen Fällen ist es besonders geboten, dem Antragsteller durch Rückfragen die Möglichkeit zu geben, warum das Urteil des Bundesamtes in seinem Fall vielleicht unzutreffend sein mag. In dem erwähnten Beispiel müsste L erklären, wie es ihm gelungen ist, die Ausreisekontrollen zu umgehen oder er müsste darlegen, dass es in seinem Fall keine solchen Kontrollen gab.

5.5 Die Vorbereitung der Anhörung

5.5.1 Grundlage

Der Vorbereitung der Anhörung kommt eine große Bedeutung zu. Ein guter Ausgangspunkt hierfür ist die Beschreibung dessen, was die Anhörung ist, wieviel sie bedeutet, wie sie abläuft und wie das Bundesamt das Vorbringen in der Regel würdigt.

Wichtig ist es aber auch, die Angst, die ein Jugendlicher mit diesem Thema in Verbindung bringt, zu nehmen. Es soll pointiert werden, dass es um das eigene Schicksal geht, darum, welche Gründe einer Rückkehr im Weg stehen. Es muss pointiert werden, dass es nicht hauptsächlich darauf ankommt, dass man schon bestimmte Probleme im Herkunftsland gehabt hat, sondern dass die Asylbehörde sich im Wesentlichen für eine künftige Gefahr interessiert.

Die Erfahrung zeigt, dass Schleuser oder andere Menschen, meistens Landsleute, die den Jugendlichen – möglicherweise seit den Tagen ihrer Ausreise – begleitet haben, hier schon vorab Ratschläge für das Asylverfahren erteilt haben, die oft wenig sachgerecht sind. Solche „Legenden" werden von den Antragstellern zuweilen beharrlich aufrecht erhalten, obwohl viele Indizien dafür sprechen, dass ihre vorgegebenen Schilderungen sehr wenig Chancen haben, vom Bundesamt geglaubt zu werden. Es gehören dann viel Zeit und Vertrauensaufbau dazu, dass der Jugendliche sich von dem Gerüst einer fremden Geschichte entfernt und seine eigenen Lebensumstände schildert.

5.5.2 Das Wissen um das Schicksal des UMF

Die eigentliche Vorbereitung erfordert es, dass Vormund, Betreuer oder Beistand, all die Personen, die den Minderjährigen durch das Asylverfahren begleiten, genauer über das Schicksal des Betroffenen Bescheid wissen. Es gibt auch Fälle, dass diese Betreuer es ablehnen, sich damit vertieft zu befassen, weil sie es nicht für ihre Aufgabe halten (sondern vielleicht für die Aufgabe des Rechtsanwalts). Das ist aber aufzuklären. Selbstverständlich muss gegenüber dem Minderjährigen auch hier die entsprechende Rücksicht und Zugewandtheit bestehen, die man mit Recht auch für die Anhörung durch das Bundesamt fordert. Gerade bei traumatisierten Jugendlichen sollte nicht vorschnell mit dem Abfragen von Erlebnisdetails aus der Heimat begonnen werden.

5.5.3 Praktische Tipps zur Vorbereitung

Die Betreuer sollten mit dem Jugendlichen zunächst die aktuellen Lebensumstände in der Heimat erfassen. Gefragt werden sollte nach den Eltern und Geschwistern und ihrem derzeitigen (oder mutmaßlichen) Aufenthaltsort, den Bedingungen, unter denen der Jugendliche vor seiner Flucht gelebt hat (Wohnort, Familienmitglieder in der Hausgemeinschaft, Schule, Arbeitstätigkeit, Beruf der Eltern und Geschwister u. v. a.). Oft werden hier schon Grundzüge der Bedrohung sichtbar, seien dies familiäre, religiös-politische oder andere Anfeindungen.

Dann wäre ein tabellarischer Lebenslauf zu schreiben, der nach verschiedenen Sachthemen gegliedert werden kann:

- Links stünden die Ereignisse der Familie: Geburt und Tod von Familienmitgliedern (aber auch Umzüge der Familie an andere Orte), berufliche Veränderungen der Eltern, die Aufnahme oder Aufgabe eines elterlichen Familienbetriebes, der Verkauf von familieneigenem Ackerland usw.;
- in der nächsten Spalte stehen die Ereignisse aus dem Leben des Minderjährigen, rituelle oder schulisch-berufliche Wendepunkte (Einschulung, Aufnahme in die Religionsgemeinschaft, Aufnahme einer Arbeit);
- und schließlich könnte dann in der rechten Spalte alles stehen, was für eine Verfolgungsgefahr relevant ist (z. B. Drohungen, Entführungen, Gewaltakte u. a.).

Dieser tabellarische Aufbau hat den Vorteil besonderer Anschaulichkeit; außerdem erlaubt er es, zeitliche Abläufe besser zu vergegenwärtigen und Widersprüche rechtzeitig zu erkennen.

Praxis-Tipp:
Für die Befragung durch das Bundesamt spielen Zeit und Ort eines Ereignisses eine große Rolle. Mit der Tabelle lassen sich diese Abläufe gut historisch erfassen: War der erste Gewaltakt gegen die Familie noch vor dem Umzug oder schon im neuen Haus? Passierte dies noch während des Besuchs der Schule – oder war der Schulbesuch dann schon beendet? Hatte der Vater seinen Geschäftsbetrieb erst nach dem zweiten gewalttätigen Vorfall geschlossen oder schon nach dem ersten?

Es ist durchaus empfehlenswert, sich solche Aufzeichnungen als Gedächtnisstütze in die Anhörung mitzunehmen, um sie im Notfall zur Hand zu haben. Es sollte dem Anhörer gegenüber als Gedächtnisstütze bezeichnet werden und nach der Anhörung wieder mitgenommen werden. Diese Gedächtnisstütze ist nicht für das Bundesamt gedacht; sie kann, wenn das bewusst entschieden und mit dem Vertreter besprochen wurde, aber auch zu den Akten gereicht werden.

5.5.4 Mögliche „Übungsfragen" für die Vorbereitung

Bei der Vorbereitung sollten dem UMF Fragen gestellt werden, wie sie auch von Bundesamt gestellt werden würden.

Es empfiehlt sich, dieses Vorgehen kurz dahingehend zu erklären, dass solche Fragen weder als Ausdruck des Misstrauens oder der besonderen Neugier zu werten sind. Ferner sollte erklärt werden, dass der Anhörer sich ein Bild zu machen habe und dass er sich das aufgrund der besonderen Umstände (weil es sich um viele private Vorgänge in einem anderen Land handelt) nur dadurch machen kann, dass er auf eine detailreiche und widerspruchfreie Aussage achtet.

Beispiel:

Der Antragsteller erklärt, wegen seiner politischen Betätigung inhaftiert worden zu sein. Mit diesen Fragen muss in der Anhörung z. B. gerechnet werden:

- Worin bestand Ihre politische Tätigkeit? Wo, wann und mit wem wurde sie ausgeführt?
- Wie kam es zur Inhaftierung? (Wieso fiel der Verdacht auf Sie, wer wurde mit Ihnen verhaftet, woran haben Sie erkannt, dass Sie wegen der politischen Betätigung inhaftiert wurden?)
- Wie gestaltete sich Ihre Haft? (Wo waren Sie untergebracht, wie waren die Haftbedingungen, wie der Gefängnisalltag?)
- Wie ist es Ihnen gelungen, der Haft zu entrinnen?
- Wo waren Sie danach? (Wurden Sie dann gesucht, haben Sie sich versteckt?)
- Wie kam es zur Ausreise? (Sind Sie unter Ihren eigenen Personalien über den Flughafen ausgereist?)
- Wer hat Ihnen bei der Flucht geholfen? (Im Falle eines Schleusers: Wer hat ihn bezahlt, wieviel musste bezahlt werden, woher hatten Sie so viel Geld?)
- Wann haben Sie Ihre Familie zuletzt gesehen? (Waren Sie nach der Flucht oder Entlassung aus dem Gefängnis nochmal bei Ihrer Familie?)

VIII

Das Bundesamt verwendet die Technik, diese Fragen, wie sie eben in dem Beispiel genannt waren, mit den allgemeinen Angaben zu verknüpfen, die der Antragsteller zu seinen Lebensumständen gemacht hat. Missverständnisse können sich etwa dann ergeben, wenn er bei der Angabe der letzten Wohnanschrift im Heimatland die elterliche Wohnung nennt, bei seinem Fluchtschicksal aber erklärt, er habe sich die letzten vier Monate versteckt im Lande aufgehalten. Das ist ein an sich leicht aufklärbarer Widerspruch, dieser Fall zeigt aber, wie ein Anhörer oder Entscheider verschiedene Angaben des Geflüchteten in Beziehung setzt, um nach möglichen Widersprüchen zu suchen.

Ein wichtiger Punkt bei einer Befragung sind die Vorstellungen und Erwartungen, die jemand in einer bestimmten Situation hatte. Kann man hierzu keine oder nur sehr pauschale Auskunft geben, drängt sich schnell der Verdacht auf, dass die Darstellung nicht der Wahrheit entspricht. Wer berichtet, aus dem Gefängnis durch Kaution freigekommen zu sein, muss etwa erklären, woher er wusste, dass er gegen Geld frei gekommen ist und ab welchem Zeitpunkt ihm das klar war. Er muss auch erklären, woher der Kautionsgeber wusste, dass wiederum der Antragsteller im Gefängnis war und dass es die Chance gab, ihn freizukaufen. Das Gleiche gilt für die Fluchtpläne, wie das nächste Beispiel zeigen soll:

Beispiel:

Ein afghanischer Minderjähriger berichtet, Mitglieder der Taliban hätten ihn für den Kampf rekrutieren wollen. Als er nicht darauf eingegangen sei, habe es Drohbriefe und andere Drohungen gegeben. Schließlich sei der Minderjährige allein, ohne seine Eltern, geflohen. Hier könnten (neben den Fragen nach den Tätern und den Drohungen) folgende Fragen gestellt werden:

- Wer hat den Entschluss gefasst, dass Sie fliehen?
- Wann und wie ist dieser Entschluss gefallen und was ist Ihre persönliche Haltung dazu gewesen?
- Haben Sie Ihren Eltern gesagt, wie Sie über die Fluchtpläne denken – und wie haben die Eltern reagiert?
- Was haben andere Familienmitglieder dazu gesagt (z. B. Ihre Mutter)?

- Wo und unter welchen Umständen haben Sie Ihre Familie zuletzt gesehen?
- Was haben Sie mit Ihrer Familie ausgemacht, um weiter Kontakt zu halten?

5.5.5 Persönliche Ratschläge für die Anhörung

Auch wenn die asylrechtliche Prüfung für den UMF und seine Begleiter eine unangenehme Situation darstellt, die vielleicht nicht immer unter der Wahrung der erforderlichen Würde durchgeführt wird, sollte man als Antragsteller offen und erklärungsbereit in die Anhörung gehen. Das gilt auch für das Gerichtsverfahren. Ungeduld und häufige Rückfragen machen sich nicht gut, insbesondere lenken sie davon ab, das Wesentliche ausführlich zu erklären.

Ein weiterer Rat ist der, bei den Schilderungen immer am besten bei sich zu bleiben. Der Satz „Wir haben Flugblätter verteilt" setzt den Schwerpunkt der Verfolgungsgefahr nicht so pointiert wie die Aussage „Ich habe in ... Flugblätter verteilt und dann ...". Das gilt so ähnlich auch für Bedrohungen. Haben die Taliban etwa dem Bruder Gewalt angetan, muss hinzugefügt werden, wie sich das für die eigene Bedrohungslage auswirkt. Ohne weitere Erklärung ist die Schilderung fremder Schicksale nicht aussagekräftig. Erst recht zeigt dieses Beispiel, dass es nicht genügt, allgemeine Verhältnisse, so schlimm sie sind, nur in einer unpersönlichen Weise zu berichten. Es sollte immer die Schilderung aus der Sicht der Person, die unter diesen Verhältnissen leidet, gewählt werden („Ich-Erzählung").

5.5.6 Die Anhörungsbegleitung

Dass Vormund und Rechtsanwalt den UMF begleiten dürfen, ist unbestritten; es ergibt sich in beiden Fällen aus dem Gesetz. Ansonsten gilt nach § 14 Abs. 4 VwVfG, dass jeder Mensch in einem Verwaltungsverfahren einen Beistand hinzuziehen kann. In § 24 Abs. 6 Satz 3 AsylG ist geregelt, dass „anderen Personen" bei der asylrechtlichen Anhörung die Anwesenheit gestattet werden kann. Mit dieser Regelung kann etwa auch ein Bezugsbetreuer oder ehemaliger Vormund an der Anhörung teilnehmen. Es empfiehlt sich, die Begleitung vorher anzuzeigen.

Beispiel für eine Anzeige der Anhörungsbegleitung:

> An das Bundesamt
> – Außenstelle –
>
> In dem Asylverfahren
> Antragsteller: .... (Aktenzeichen: ....)
>
> Sehr geehrte Damen und Herren,
>
> als ehemaliger Vormund des oben genannten gerade volljährig gewordenen Asylantragstellers kündige ich an, diesen bei seiner Anhörung am ... zu begleiten. Ich reiche ein Schreiben des Asylantragstellers ein, aus dem sich ergibt, dass dieser meine Teilnahme ausdrücklich wünscht.
>
> Mit freundlichen Grüßen
> Unterschrift

6. Die Entscheidung des Bundesamtes über den Asylantrag

6.1 Der Bescheid des Bundesamtes

6.1.1 Der Bescheid als Verwaltungsakt

Den Abschluss des Asylverwaltungsverfahrens markiert die Entscheidung des Bundesamtes über das Schutzersuchen. Diese Entscheidung ergeht schriftlich in Form eines Bescheides, der in deutscher Sprache abgefasst und nur auszugsweise in die Herkunftssprache übersetzt wird. Der Bescheid ist ein Verwaltungsakt. Er muss dem Betroffenen zugestellt werden, sonst kann er keine Wirksamkeit entfalten. Allerdings ist die Zustellung für Asylbescheide besonders geregelt und erfordert nicht immer, dass der Betroffene den Bescheid wirklich auch zur Kenntnis nimmt, solange der Bescheid nur an die letzte bekannte Adresse gerichtet worden ist (das ergibt sich aus § 10 Abs. 2 AsylG, der eine besonders strikte Zustellungsregelung für Asylbescheide aufstellt).

Der Bescheid ist, wenn er nicht mehr angefochten werden kann, also wenn die Frist für das Rechtsmittel abgelaufen ist, endgültig wirksam und gilt gegenüber allen Behörden, für die diese Entscheidung erheblich ist. Juristen nennen das dann die Bestandskraft, der Bescheid ist bestandskräftig.

Der Bescheid ist dann auch vollstreckbar, das ist immer dann wichtig, wenn das BAMF zu einer negativen Entscheidung kommt und die Abschiebung androht. In Einzelfällen kann diese Abschiebungsandrohung sogar noch vor Eintritt der Bestandskraft, also vor Abschluss eines Gerichtsverfahrens, vollzogen werden. Das sind dann die Ausnahmefälle, in denen der Rechtsanwalt des Betroffenen einen Eilantrag beim Verwaltungsgericht stellen muss, um die Chance auf einen längeren Verbleib des Betroffenen im Bundesgebiet zu erhalten.

6.1.2 Die Zustellung des Bundesamtsbescheides

Immer wieder problematisch ist in der Praxis, dass das Bundesamt nicht über die korrekte Adresse des Antragstellers informiert wurde und es aus diesem Grund zu Verzögerungen bei der Zustellung bzw. der Kenntnisnahme des Bescheides kommt. Nicht oft genug kann daher erwähnt werden, dass das BAMF bis zur Entscheidung über den Asylantrag über jeden Wechsel des Wohnortes des UMF informiert werden muss.

Wichtig: Während des Asylverfahrens ist dem BAMF jeder Adresswechsel unverzüglich mitzuteilen.

Praxis-Tipp:

Kommt ein UMF neu in einer Jugendhilfeeinrichtung an, sollte bei der Übergabe zwischen alter und neuer Einrichtung geklärt werden, ob bereits ein Asylverfahren eingeleitet wurde und – wenn dies der Fall sein sollte – wer dem BAMF die Adressänderung mitteilt. Die entsprechende Vereinbarung sollte im Übergabeprotokoll vermerkt werden.

Die Zustellung des Bescheides erfolgt in einem gelben Umschlag im Wege der förmlichen Postzustellung durch Einlegung in den Briefkasten (nach § 180 ZPO). Es ist überaus ratsam, den Umschlag aufzuheben, da der Briefträger auf diesem das Zustellungsdatum vermerkt, das für den Beginn der Eilantrags- und Klagefristen (dazu sogleich) von entscheidender Bedeutung ist. Sicherheitshalber sollte aus diesem Grund der Bescheid (nicht das ebenfalls aufzuhebende Anschreiben, welches häufig ein anderes Datum als der Bescheid trägt) mit einem Eingangsstempel versehen werden. Nach Zustellung des Bescheides sollte kontrolliert werden, ob eine Rechtsbehelfsbelehrung auf Deutsch und der Muttersprache des Antragstellers beigefügt ist. Das BAMF ist hierbei sehr fehleranfällig und legt nicht selten falsche Belehrungen bei. Das kann sich im Einzelfall für den Flüchtling als segensreich erweisen. Ist die Rechtsbehelfsbelehrung nämlich falsch, dann löst sie nicht die kurze Anfechtungsfrist nach dem Asylgesetz aus, sondern die Frist nach § 58 VwGO – und die beträgt ein ganzes Jahr. Daraus ist ersichtlich, dass der fehlerhafte Bescheid so manchem Asylsuchenden bei der Wahrung der kurzen Fristen geholfen hat.

6.2 Typische Formulierungen im Bescheid und die dazugehörigen Fristen

6.2.1 Übersicht

Das BAMF hat bei der Erstellung des Bescheides zahlreiche Entscheidungs- und folglich auch Formulierungsmöglichkeiten. Die Entscheidungsformel, also der Kern der Entscheidung, findet sich stets gleich zu Anfang des Bescheides, unterhalb der Angaben zum Antragsteller (u. a. Name, Geburtsdatum, Aktenzeichen – die häufig vorkommende Nennung von Aliasnamen resultiert in der Regel aus Angaben des Antragstellers in anderen Dublin-Staaten, welche dem Bundesamt durch die Abfrage der EURODAC-Datenbank bekannt geworden sind). Von der Art der Entscheidung hängt ab, welches weitere Vorgehen sinnvoll bzw. welches Rechtsmittel innerhalb welcher Zeit zu erheben ist.

Praxis-Tipp:

Ob die Bundesamtsentscheidung ein Bleiberecht ausspricht oder nicht, erkennt man am schnellsten daran, ob in der vorletzten Ziffer eine Abschiebung angedroht oder gar angeordnet wird. Fehlt es an diesen Formulierungen, handelt sich jedenfalls nicht um einen vollständig ablehnenden Bescheid.

Zunächst sollen Entscheidungen des BAMF vorgestellt werden, die nicht zu einem Bleiberecht führen. Sie enthalten dann in aller Regel auch eine Abschiebungsandrohung oder Abschiebungsanordnung. Je nachdem, welche Art der Entscheidung gefällt wurde, wird die Abschiebung in den Herkunftsstaat oder in einen Drittstaat (ganz überwiegend in einen anderen europäischen Staat) angedroht bzw. angeordnet. Sodann folgen Beispiele für die verschiedenen Arten der Zuerkennung eines Schutzstatus.

6.2.2 Vollständige Ablehnung des Schutzersuchens mit Abschiebungsandrohung in den Herkunftsstaat

War das Bundesamt für den Asylantrag zuständig und lehnt es den Schutzantrag vollständig als unbegründet ab, kommt es zur Androhung der Abschiebung in den Herkunftsstaat. Diese Klagefrist beträgt 14 Tage, ein Eilantrag ist nicht erforderlich.

Beispiel (sogenannte einfache Ablehnung):

Der 19-jährige K aus Afghanistan hatte einen Schutzantrag gestellt, er bekommt einen Bescheid des Bundesamts in einem gelben Umschlag. Der Bescheid hat den folgenden Inhalt:

1. *Die Flüchtlingseigenschaft wird nicht zuerkannt.*
2. *Der Antrag auf Asylanerkennung wird abgelehnt.*
3. *Der subsidiäre Schutzstatus wird nicht zuerkannt.*
4. *Abschiebungsverbote nach § 60 Abs. 5 und 7 Satz 1 des Aufenthaltsgesetzes liegen nicht vor.*
5. *Der Antragsteller wird aufgefordert, die Bundesrepublik Deutschland innerhalb eines Monats nach Bekanntgabe dieser Entscheidung zu verlassen; im Falle einer Klageerhebung endet die Ausreisefrist 30 Tage nach dem unanfechtbaren Abschluss des Asylverfahrens. Sollte der Antragsteller die Ausreisefrist nicht einhalten, wird er nach Afghanistan abgeschoben. Der Antragsteller kann auch in einen anderen Staat abgeschoben werden, in den er einreisen darf oder der zu seiner Rückübernahme verpflichtet ist.*
6. *Das gesetzliche Einreise- und Aufenthaltsverbot gemäß § 11 Abs. 1 des Aufenthaltsgesetzes wird auf 36 Monate ab dem Tag der Abschiebung befristet.*

Wie sich aus der in Ziffer 5 des Bescheides ergibt, droht der Vollzug der Abschiebung im Falle einer Klageerhebung erst 30 Tage nach Abschluss des Klageverfahrens. Erhebt K also rechtzeitig Klage, darf er in jedem Fall bis zum Ende des Gerichtsverfahrens in Deutschland bleiben. Weil die Klage hier den Vollzug hemmt, spricht man von der aufschiebenden Wirkung der Klage. Ein Eilantrag ist daher nicht erforderlich.

In der Rechtsbehelfsbelehrung findet sich der Hinweis auf § 74 Abs. 2 AsylG mit dem Inhalt, dass die zur Begründung dienenden Tatsachen und Beweise binnen eines Monats nach Zustellung der Entscheidung dem Gericht mitzuteilen sind. Theoretisch ist der Kläger damit unter einem erheblichen Zugzwang. Allerdings gilt die Sanktion für ein verspätetes Vorbringen, also für den Fall, dass man diese Frist nicht einhält, nur für den Fall, dass sich dadurch der Rechtsstreit verzögert. Betrachtet man sich diese Bedingung, dann ist die Begründungsfrist nicht mehr so gravierend. Bei einem Rechtsstreit, der vom Gericht mehrere Monate geführt wird, bis eine mündliche Verhandlung stattfindet, kommt es nicht zu einer Verzögerung, wenn der Kläger die Monatsfrist zu Beginn nicht einhält. Es genügt, die Gründe zu angemessener Zeit vorzubringen.

6.2.3 Ablehnung des Schutzantrags als „offensichtlich unbegründet"

Folgenschwerer ist die Ablehnung als „offensichtlich unbegründet". Mit dieser Entscheidung kann die Abschiebung des Ausländers schon während eines noch laufenden Klageverfahrens erfolgen, wenn nicht ein Gericht diese Abschiebung auf Antrag des Betroffenen vorläufig aussetzt.

Beispiel:

Der 20-jährige R stammt aus der Demokratischen Republik Kongo. Das Bundesamt kommt nach der Anhörung zu dem Ergebnis, dass dem Schutzantrag unter keinerlei Gesichtspunkten ein Erfolg beschieden sei. Das Vorbringen hält es in den wesentlichen Punkten für unsubstantiiert. Der Bescheid hat den folgenden Wortlaut:

1. *Der Antrag auf Zuerkennung der Flüchtlingseigenschaft wird als offensichtlich unbegründet abgelehnt.*
2. *Der Antrag auf Asylanerkennung wird als offensichtlich unbegründet abgelehnt.*
3. *Die Zuerkennung des subsidiären Schutzstatus wird als offensichtlich unbegründet abgelehnt.*
4. *Abschiebungsverbote nach § 60 Abs. 5 und 7 Satz 1 des Aufenthaltsgesetzes liegen nicht vor.*

5. *Der Antragsteller wird aufgefordert, die Bundesrepublik Deutschland innerhalb einer Woche nach Bekanntgabe dieser Entscheidung zu verlassen. Sollte der Antragsteller die Ausreisefrist nicht einhalten, wird er in die Demokratische Republik Kongo abgeschoben. Der Antragsteller kann auch in einen anderen Staat abgeschoben werden, in den er einreisen darf oder der zu seiner Rückübernahme verpflichtet ist.*
6. *Das gesetzliche Einreise- und Aufenthaltsverbot gemäß § 11 Abs. 1 des Aufenthaltsgesetzes wird auf 36 Monate ab dem Tag der Abschiebung befristet.*

Die Klage ist innerhalb einer Woche zu erheben. Aus der Formulierung in Ziffer 5 ergibt sich, dass diese Klage einer Abschiebung nicht im Wege steht. Der Betroffene muss daher einen Eilantrag stellen, will er dieser Abschiebung noch während des Gerichtsverfahrens entgehen. Dieser Eilantrag ist zusammen mit der Klage innerhalb von einer Woche nach Zustellung des Bescheides zu erheben. Das Verfahren, in dem über den Eilantrag entschieden wird, ist schriftlich; es gibt keine mündliche Verhandlung. Da das Gericht alsbald nach Eingang des Antrages entscheiden wird, empfiehlt es sich, die Begründung des Eilantrags recht zügig, am besten noch innerhalb der Einlegungsfrist, einzureichen.

Der Eilantrag ist begründet, wenn es dem Betroffenen oder seinem Anwalt gelingt, ernstliche Zweifel an der Richtigkeit der Bundesamtsentscheidung zu wecken. Gemeint sind hier ernstliche Zweifel an der sogenannten Offensichtlichkeitswertung. Es genügt, darzulegen, dass die Ablehnung als „offensichtlich unbegründet“ ihrerseits unter keinerlei Gesichtspunkten haltbar ist. Dass der Betroffene diese Begründung unter den Bedingungen eines schriftlichen Verfahrens und unter Zeitdruck abgeben muss, macht die besondere Schwierigkeit dieser Verfahrenssituation aus. So wundert es nicht, dass solche Eilanträge mehrheitlich bei Gericht verloren gehen.

Wegen dieser schwerwiegenden Folge hat die Verfahrensrichtlinie bestimmt, dass die Schutzanträge von UMF grundsätzlich nicht als offensichtlich unbegründet abgelehnt werden dürfen (Art. 25 Abs. 6a Verfahrensrichtlinie). Eine Ausnahme besteht, wenn der UMF aus einem sicheren Herkunftsstaat kommt oder in seiner Person eine besondere Gefahr für die Sicherheit eines EU-Mitgliedstaates begründet. Außerdem gibt es noch eine wichtige Einschränkung: Der Verfahrensrichtlinie steht es nicht entgegen, einen ehemaligen UMF, wenn er volljährig geworden ist, als „offensichtlich unbegründet" abzulehnen.

Wichtig: UMF dürfen, solange sie minderjährig sind, mit ihrem Schutzantrag nicht als „offensichtlich unbegründet" abgelehnt werden. Nach Eintritt der Volljährigkeit gilt das dann aber nicht mehr.

Wird die Entscheidung des Bundesamtes bestandskräftig, zeigt sich ein weiterer Nachteil der Ablehnung als „offensichtlich unbegründet": Die Ausländerbehörde kann später nämlich bestimmte Aufenthaltstitel aus diesem Grunde verweigern (allerdings nur, wenn der Bundesamtsbescheid sich ausdrücklich auf § 30 Abs. 3 Nrn. 1 bis 6 AsylG stützt).

Wichtig: Personen, die mit ihrem Antrag als „offensichtlich unbegründet" gescheitert sind und bei denen der Bescheid die Voraussetzungen des § 30 Abs. 3 Nrn. 1 bis 6 AsylG feststellt, erhalten vor einer Ausreise aus dem Bundesgebiet *keine* Aufenthaltserlaubnis (§ 10 Abs. 3 AufenthG),

- außer bei einem gesetzlichen Anspruch (z. B. Familiennachzug zu Deutschem),
- oder für Aufenthalte nach § 23a (Härtefallkommission), § 25 Abs. 3 (nationale Abschiebungsverbote), § 25a und § 25b AufenthG (Bleiberechtsregelungen).

Für ehemalige UMF hat das deswegen Nachteile, weil bestimmte Aufenthaltstitel, die an eine besondere Qualifikation anknüpfen, nicht erteilt werden dürfen. Der für einen jungen Menschen nach Abschluss einer Ausbildung sehr hilfreiche Aufenthalt nach § 18a AufenthG (Aufenthalt für qualifizierte Geduldete) steht nach der OU-Ablehnung nicht mehr offen.

Praxis-Tipp:

Bei der Beratung eines Asylsuchenden ist immer die Gefahr einer solchen „Offensichtlich-Unbegründet-Ablehnung" zu prüfen. Der Asylantrag muss dann gegebenenfalls unterbleiben oder zurückgenommen werden.

6.2.4 Ablehnung wegen des Vorliegens eines Schutzstatus in einem Drittstaat

Das Bundesamt kann einen Antrag auch für unzulässig erachten. Dann prüft es den Inhalt des Schutzantrages nicht (nochmal), sondern weist den Antrag ab. Eine solche Entscheidung ergeht, wenn der Antragsteller bereits Schutz in einem anderen EU-Staat erhalten hat, wo man ihm den Flüchtlingsstatus oder den subsidiären Status zuerkannt hat. Geregelt wird das jetzt in § 29 Abs. 1 Nr. 2 AsylG.

Beispiel für einen unzulässigen Antrag:

K aus Somalia ist in Ungarn als Flüchtling anerkannt worden. Der in Deutschland gestellte Asylantrag wird nach § 29 Abs. 1 Nr. 2 AsylG als unzulässig abgelehnt – mit folgenden Worten:

1. *Der Asylantrag wird als unzulässig abgelehnt.*
2. *Der Antragsteller wird aufgefordert, die Bundesrepublik Deutschland innerhalb einer Woche nach Bekanntgabe dieser Entscheidung zu verlassen. Sollte der Antragsteller die Ausreisefrist nicht einhalten, wird er nach Ungarn abgeschoben. Der Antragsteller kann auch in einen anderen Staat abgeschoben werden, in den er einreisen darf oder der zu seiner Rückübernahme verpflichtet ist. Der Antragsteller darf nicht nach Somalia abgeschoben werden.*
3. *Das gesetzliche Einreise- und Aufenthaltsverbot gemäß § 11 Abs. 1 des Aufenthaltsgesetzes wird auf 36 Monate ab dem Tag der Abschiebung befristet.*

Gegen diese Entscheidung kann der Betroffene innerhalb einer Woche die Klage erheben, er muss sie auch mit einem Eilantrag verbinden. Ein anderer Fall mit ähnlicher Folge begegnet, wenn der Asylantragsteller bereits in einem anderen Nicht-EU-Staat sicher war. Da es außerhalb der EU den subsidiären Schutz nicht gibt, kann das die Zubilligung des Flüchtlingsstatus gewesen sein oder auch ein einfaches humanitäres Bleiberecht. Darauf, dass der andere Staat die Genfer Flüchtlingskonvention unterzeichnet hat, kommt es nicht an.

Beispiel:

C aus Syrien floh nach Venezuela, einem Staat, der die Genfer Konvention nicht unterzeichnet hat, und erhielt dort Aufenthalt. Nach kurzer Zeit reiste er nach Deutschland, wo er einen Asylantrag stellte. Das Bundesamt lehnte seinen Asylantrag als unzulässig ab (§ 29 Abs. 1 Nr. 4 AsylG) und drohte die Abschiebung nach Venezuela an.

Auch hier muss der Betroffene Klage und Eilantrag erheben.

6.2.5 Der Dublin-Bescheid

Der „Dublin-Bescheid" ergeht, wenn ein anderer Staat für den Asylantrag zuständig ist, die die Dublin-III-VO mittragen, also EU-Staaten und Norwegen, Schweiz, Island. Wenn sich ergibt, dass einer dieser Staaten für den Asylantrag, der entweder noch gar nicht abschließend bearbeitet worden ist oder abgelehnt wurde, zuständig ist, dann hat der Bescheid zwei Elemente, die Erklärung, dass der in Deutschland gestellte Antrag als unzulässig abgelehnt wird – und die Anordnung der Abschiebung in diesen anderen Staat.

Beispiel:

Die 25-jährige F aus Äthiopien hatte ein Schengen-Visum der spanischen Botschaft bekommen und ist damit, ohne in Spanien gewesen zu sein, nach Deutschland eingereist, um einen Asylantrag zu stellen. Nach einer entsprechenden Anfrage wurde Spanien im Einklang mit der Dublin-III-VO zuständig. Das Bundesamt schickte den folgenden Bescheid:

1. *Der Asylantrag ist unzulässig.*
2. *Die Abschiebung nach Spanien wird angeordnet.*
3. *Das gesetzliche Einreise- und Aufenthaltsverbot gemäß § 11 Abs. 1 des Aufenthaltsgesetzes wird auf 36 Monate ab dem Tag der Abschiebung befristet.*

VIII

Hier sind Klage und Eilantrag binnen einer Woche zu erheben. Das Argument der F, niemals in Spanien gewesen zu sein, hilft dabei leider nicht weiter, da die Zuständigkeit Spaniens aus der Visumerteilung folgt, die der F den Zugang in den Schengen-Raum ermöglicht hat.

6.2.6 *Zuerkennung der Flüchtlingseigenschaft/Anerkennung als Asylberechtigter*

Im Idealfall endet das Asylverfahren für den UMF mit dem höchsten Schutzstatus. Dies ist dann fast immer der Flüchtlingsstatus, da eine Anerkennung als Asylberechtigter wegen der deutlich häufiger vorkommenden Einreise auf dem Landweg in der Regel von vornherein ausscheidet.

In den seltenen Fällen, in denen die Einreise per Flugzeug aus einem Staat erfolgt, der nicht als sicherer Drittstaat eingestuft wird (und die Prüfung des Schutzersuchens sodann eine schwerwiegende Verfolgung ergibt), lautet die Entscheidung des Bundesamtes:

Anerkennung als Asylberechtigter:

Der Antragsteller wird als Asylberechtigter anerkannt.

Weil eine Einreise auf dem Landweg jedoch die Regel ist, lautet die Entscheidung des Bundesamtes nach der Feststellung von schwerwiegenden Verfolgungsgründen typischerweise:

Beispiel für einen Bescheid mit Flüchtlingsanerkennung:

1. *Der Antrag auf Anerkennung als Asylberechtigter wird abgelehnt.*
2. *Dem Antragsteller wird die Flüchtlingseigenschaft zuerkannt.*

Auf Ausführungen zu Rechtsmitteln gegen eine solche Entscheidung der Behörde kann logischerweise verzichtet werden.

VIII

6.2.7 *Anerkennung als subsidiär Schutzberechtigter*

Liegen nach Auffassung des Bundesamtes keine Gründe für die Zuerkennung der Flüchtlingseigenschaft oder für die Anerkennung als Asylberechtigten vor, wohl aber dafür, den Antragsteller als subsidiär Schutzberechtigten anzuerkennen, lautet der Bescheid **mit Gewährung subsidiären Schutzes unter Ablehnung von Asyl- und Flüchtlingsstatus:**

Beispiel für einen Subsidiären-Schutz-Bescheid:

1. *Der Antrag auf Anerkennung als Asylberechtigter wird abgelehnt.*
2. *Der Antrag auf Zuerkennung der Flüchtlingseigenschaft wird abgelehnt.*
3. *Der Antragsteller wird als subsidiär Schutzberechtigter anerkannt.*

Nicht oder schlecht beratene Asylsuchende machen nach dem Erhalt eines solchen Bescheides häufig den Fehler, die Entscheidung des Bundesamtes klaglos hinzunehmen und sich mit den – im Vergleich zum Flüchtlingsstatus oder der Asylberechtigung – deutlich schlechteren Rechtsfolgen (insbesondere kürzere Erteilungsdauer der ersten Aufenthaltserlaubnis, keine Möglichkeit des Familiennachzugs bis März 2018, schlechtere Zugangschancen zur Niederlassungserlaubnis, kein „blauer Pass") abzufinden. Sinnvoll ist jedoch eine Überprüfung, ob der Bescheid des BAMF Fehler enthält, insbesondere dahingehend, ob Angaben im Anhörungsprotokoll, die zur Zuerkennung der Flüchtlingseigenschaft hätten führen müssen, nicht berücksichtigt wurden. Ergibt die Überprüfung, dass nach den Angaben in der Anhörung auch die Zuerkennung der Flüchtlingseigenschaft möglich gewesen wäre, sollte Klage erhoben werden.

Beispiel:

Syrer A (22 Jahre alt) stammt aus Aleppo. Ihm ist es Anfang 2016 gelungen, trotz des Krieges aus der Stadt herauszukommen und nach Deutschland zu gelangen. In seiner Anhörung beim Bundesamt schildert er Rekrutierungsversuche verschiedener Kriegsparteien, welchen er sich verweigert habe und davon, wegen seiner Weigerung bedroht worden zu sein. Das Bundesamt spricht ihm gleichwohl lediglich den subsidiären Schutz zu.

A wäre hier zu einer Klage zu raten, da das Bundesamt offensichtlich flüchtlingsrelevante Merkmale unberücksichtigt gelassen hat.

Diese Klage (häufig als *„Statusklage"* oder auch allgemein als *„Hochklagen"* bezeichnet) ist ebenfalls bei dem zuständigen Verwaltungsgericht zu erheben, die Klagefrist beträgt zwei Wochen nach Zustellung des Bescheides. Wie bei allen asylrechtlichen Klagen der ersten Instanz gibt es keinen Anwaltszwang und die Klage kann fristwahrend auch im Rahmen einer Vorsprache bei Gericht zur Niederschrift des Urkundsbeamten der Geschäftsstelle erhoben werden.

Wichtig: Das *„Hochklagen"* vom subsidiären auf den Flüchtlingsschutz ist zwar eventuell mit gewissen finanziellen Risiken verbunden (wenn ein Rechtsanwalt beauftragt wird und das Verfahren verloren werden sollte, sind die Kosten für den Rechtsanwalt vom Kläger zu tragen), rechtlich jedoch weitgehend risikolos, da

- der bereits zugesprochene subsidiäre Schutzstatus durch das Gericht nicht mitüberprüft wird und folglich nicht verlorengehen kann (denkbar ist als „worst case" lediglich, dass der Kläger sich in der mündlichen Verhandlung „um Kopf und Kragen" redet, also des Lügens verdächtigt wird, das Gericht dies in sein Urteil schreibt, das Bundesamt hiervon erfährt und daraufhin ein Widerrufs- bzw. Rücknahmeverfahren einleitet);
- der Kläger während des Klageverfahrens bereits eine Aufenthaltserlaubnis (gemäß § 25 Abs. 2 Alt. 2 AufenthG) erhält, dies folgt aus § 10 Abs. 1 i. V. m. § 25 Abs. 2 AufenthG (nicht so während des *„Hochklagens"* von nationalen Abschiebeverboten auf einen höheren Schutz).

6.2.8 Feststellung von Abschiebeverboten nach § 60 Abs. 5 oder 7 AufenthG

Ein Asylverfahren kann auch seinen Ausgang damit nehmen, dass dem Betroffenen kein Asyl, kein internationaler Schutz (Flüchtlingsstatus und subsidiärer Schutz), aber immerhin noch die nationalen Abschiebungsverbote zuerkannt werden. Dann sieht der Bescheid so aus:

VIII

Beispiel:

Die 22-jährige P aus Äthiopien, die politisch nicht in Erscheinung getreten ist, ist an Diabetes erkrankt, sie hat keine Verwandten im Heimatland und keine Chance, das notwendige Insulin zu bekommen. Das Bundesamt gewährt ihr die sogenannten nationalen Abschiebungsverbote:

1. *Der Antrag auf Anerkennung als Asylberechtigter wird abgelehnt.*

2. *Der Antrag auf Zuerkennung der Flüchtlingseigenschaft wird abgelehnt.*
3. *Der Antrag auf Anerkennung als subsidiär Schutzberechtigter wird abgelehnt.*
4. *Das Abschiebungsverbot des § 60 Abs. 5 oder 7 des Aufenthaltsgesetzes liegt hinsichtlich Äthiopiens vor.*

Auch für P gilt hier, dass eine Klage vor dem zuständigen Verwaltungsgericht (Frist: zwei Wochen nach Zustellung) unbedingt geprüft werden sollte. Diese kann sich entweder auf den Sprung von nationalen Abschiebeverboten auf den subsidiären Schutzstatus beziehen oder auf den Sprung um zwei Schutzstufen, also von nationalen Abschiebeverboten auf den Flüchtlingsstatus. Welcher Klageantrag sinnvoll ist, lässt sich pauschal nicht beantworten und sollte daher im Einzelfall abgeklärt werden.

Beispiel:

Im Asylverfahren des S aus Somalia stellt das Bundesamt eine mögliche Verletzung von Art. 3 EMRK fest, folgert daraus aber lediglich, dass ein nationales Abschiebeverbot vorliegt.

In diesem Fall wäre S zu einer Klage zu raten. Stellt das BAMF eine Verletzung von Art. 3 EMRK fest, erkennt aber trotzdem nicht den subsidiären Schutz zu, ist dies mit Blick auf den nahezu identischen Wortlaut von Art. 3 EMRK und § 4 AsylG nicht konsequent. Jedenfalls an einigen Verwaltungsgerichten hätte S daher die Chance auf eine Statusverbesserung.

Auch in der hier dargestellten Konstellation kann es im Gerichtsverfahren keine Verschlechterung im Vergleich zur behördlichen Entscheidung geben, die vom BAMF zugesprochenen Abschiebeverbote geraten also durch eine Klage nicht in Gefahr.

Bedauerlicherweise (aus Sicht der Betroffenen sowie aus rechtspolitischen Erwägungen) hat das Bundesverwaltungsgericht entschieden (Urteil vom 17.12.2015 unter dem Aktenzeichen 1 C 31.14), dass nach der Feststellung von nationalen Abschiebeverboten und anschließend eingeleitetem Klageverfahren bis zur Entscheidung des Gerichts keine Aufenthaltserlaubnis erteilt werden soll, sondern der Kläger weiterhin nur eine Aufenthaltsgestattung erhält. Dies wurde systematisch damit begründet, dass gemäß § 10 Abs. 1 AufenthG die Erteilung eines Aufenthaltstitels vor bestandkräftigem Abschluss des Asylverfahrens nur dann möglich sein soll, wenn auf den Titel ein Anspruch besteht. § 25 Abs. 3 AufenthG ist jedoch lediglich eine Soll-Vorschrift, weshalb, anders als beim Versuch des Hochklagens von § 25 Abs. 2 Alt. 2 auf Alt. 1 AufenthG, eine Aufenthaltserlaubnis nach § 25 Abs. 3 AufenthG noch nicht auszustellen ist

Wichtig: In dem Beispiel des Somaliers S hat das zur Folge, dass S bis zum Ende seines Klageverfahrens nur eine Aufenthaltsgestattung besitzt. Aus der Gewährung der nationalen Abschiebungsverbote, die eigentlich zu einem Aufenthalt nach § 25 Abs. 3 AufenthG berechtigen, kann er keinen Nutzen ziehen, solange er nicht entweder die Klage gewinnt oder die Klage zurücknimmt.

Diese Entscheidung hat erhebliche Auswirkungen auf die persönliche Entscheidung des Betroffenen für oder gegen eine Klageerhebung. In der Praxis ist bereits zu beobachten, dass die Betroffenen sich eher gegen eine Klage entscheiden, obwohl gute Gründe für eine solche vorliegen. Der Wunsch nach einer schnellen Ausstellung einer Aufenthaltserlaubnis dürfte häufig stärker sein als der Wille zu einem mehrmonatigen Klageverfahren mit ungewissem Ausgang und mit lediglich einer Aufenthaltsgestattung in der Tasche.

Die Rechtsprechung des Bundesverwaltungsgerichts sorgt also mittelbar dafür, dass von einer behördlichen Entscheidung benachteiligte Personen dazu gedrängt werden, gegen den Behördenfehler nicht vorzugehen. Für die Beratung von UMF bedeutet dies einen Mehraufwand – diese sollten ausführlich über die negativen Folgen einer Klageerhebung sowie über die Chancen eines erfolgreichen Klageverfahrens aufgeklärt werden.

IX. Das gerichtliche Verfahren gegen die Ablehnung durch das Bundesamt

1. Grundrecht auf effektiven Rechtsschutz

1.1 Die Klageerhebung bei unabhängigen Gerichten

Art. 19 Abs. 4 GG sieht vor, dass jeder, der durch einen Akt der öffentlichen Gewalt in seinen Rechten verletzt wird, Rechtsschutz bei Gericht suchen kann.

Das Besondere an der Zuweisung dieses Schutzes an die Gerichte besteht darin, dass Gerichte gegenüber Behörden – wie dem Bundesamt – übergeordnet sind und unabhängig von jedem Einfluss entscheiden. Richter sind nur Recht und Gesetz unterworfen. Eine Weisungslage, wie das vielleicht der einzelne Bundesamtsmitarbeiter erleben kann, ist bei Gericht bereits von Verfassungswegen ausgeschlossen.

Das Mittel, mit dem ein Rechtssuchender sich an ein Gericht wendet, ist die Klage. Sie wird gegen die juristische Person gerichtet, die den Bescheid erlassen hat. Im Asylrecht ist das die Bundesrepublik Deutschland, die vom Bundesamt für Migration vertreten wird. Zuständig für diese Klagen sind die Verwaltungsgerichte.

Wichtig: Ein Einspruchs- oder Widerspruchsverfahren gibt es bei Asylsachen nicht. Es gibt nur das Klageverfahren beim Verwaltungsgericht.

1.2 Die Rechtsmittelbelehrung

Um dem Bürger den Weg zu den Gerichten auch möglich zu machen, muss jeder rechtsmittelfähige Bescheid eine Belehrung darüber enthalten, innerhalb welcher Frist bei welcher Stelle (Gericht) durch welche Maßnahme ein Rechtsmittel eingelegt werden kann. Diese Rechtsmittelbelehrung findet sich bei Bundesamtsbescheiden auf der letzten Seite nach der Unterschrift und dem Stempel der Außenstelle, die den Bescheid erlassen hat.

Fehlt die Rechtsmittelbelehrung oder ist sie falsch, läuft die Rechtsmittelfrist frühestens ein Jahr nach der Zustellung ab (§ 58 Abs. 2 VwGO).

1.3 Die zuständigen Verwaltungsgerichte

In Asylsachen sind die Verwaltungsgerichte zur Entscheidung berufen.

Örtlich zuständig ist das Verwaltungsgericht, das sich dort befindet, wo auch der Kläger und Asylantragsteller wohnt. Ausnahmen hiervon sind möglich. So ist z. B. in Rheinland-Pfalz in Asylklageverfahren stets das VG Trier zuständig, auch wenn der Kläger in einem anderen Bezirk wohnt. Gerichtsintern folgt die Organisation meistens dem Herkunftsland eines Klägers, so dass man durch einen Blick auf die Karte der Gerichtsbezirke und in den Geschäftsverteilungsplan des zuständigen Gerichts erkennen kann, welche Kammer, so heißt die Organisationseinheit bei den Verwaltungsgerichten der ersten Instanz, für einen Rechtsfall zuständig ist.

Beispiel:

A ist ein Eritreer; er wohnt in Gladenbach im Gerichtsbezirk Gießen.

Für seine Asylklage ist das Verwaltungsgericht Gießen zuständig. Es entscheidet hier die 6. Kammer, die laut Geschäftsverteilungsplan für die Klagen von Asylantragstellern aus Eritrea zuständig ist. Ebenfalls aus dem Geschäftsverteilungsplan ersichtlich sind die Namen der Richter, die über den Fall entscheiden werden.

Dass nicht nur das Gericht, sondern auch die Person des Richters abstrakt feststeht – und das schon theoretisch bevor die Klage eingereicht ist –, liegt an dem Konzept des gesetzlichen Richters, das wir in Deutschland haben. Wer in einer Sache als Richter urteilt, soll demnach nicht durch eine individuelle Entscheidung der Gerichtsleitung oder anderer Personen bestimmt werden, sondern es soll allgemein für alle Fälle nach objektiven Kriterien von vornherein feststehen. Und so ist aufgrund des Herkunftslandes des Klägers – und manchmal auch ergänzend aufgrund des Anfangsbuchstabens seines Namens – ersichtlich, welche Kammer des Gerichts für einen Rechtsstreit zuständig ist.

1.4 Die Entscheidungskompetenz der Verwaltungsgerichte

Die Verwaltungsgerichte entscheiden über einen Klageantrag, indem sie die Klage, wenn sie für unzulässig oder unbegründet erachtet wird, abweisen, oder indem sie im positiven Fall eine dem Klageantrag entsprechende Entscheidung treffen. Im Asylverfahren kann das z. B. der Ausspruch sein, dass das Bundesamt verpflichtet wird, die Flüchtlingsanerkennung auszusprechen. Wird dann das Urteil rechtskräftig, kann der Kläger damit verlangen, dass das Bundesamt ihm den begehrten Bescheid erteilt. Mit dem Urteil allein kann der Betroffene also noch nicht bei der Ausländerbehörde vorsprechen und die Ausstellung einer Aufenthaltserlaubnis verlangen (siehe Kapitel IX.2.7).

Gegen die Entscheidungen der Verwaltungsgerichte können die Beteiligten, also auch das Bundesamt, als Rechtsmittel die Zulassung der Berufung einlegen, darüber entscheiden dann die Oberverwaltungsgerichte. Diese Rechtsmittel sind im Asylrecht sehr stark eingeschränkt. Dass sich das Bundesverwaltungsgericht als dritte Instanz mit einem Asylfall befassen muss, kommt äußerst selten vor, ist aber grundsätzlich möglich.

1.5 Beschwerde beim Bundesverfassungsgericht oder dem Europäischen Gerichtshof für Menschenrechte (EGMR)

Wenn gegen eine gerichtliche Entscheidung kein Rechtsmittel mehr möglich ist und der Rechtsweg erschöpft ist – dieser Ausdruck steht tatsächlich so im Gesetz –, dann bleibt dem Betroffenen nur die sehr voraussetzungsvolle Möglichkeit, gegen diese Maßnahme eine Beschwerde beim Bundesverfassungsgericht – und, wenn dieses nicht abhilft – beim Europäischen Gerichtshof für Menschenrechte in Straßburg einzureichen. Voraussetzungsvoll ist die Beschwerde deshalb, weil der Beschwerdeführer nicht mehr nur behaupten muss, dass er durch eine falsche Anwendung des Rechts benachteiligt wurde, er muss dezidiert vortragen, dass eine Verletzung seiner verfassungsgemäßen Rechte vorliegt. Bei dem EGMR muss er dann die Verletzung der Rechte aus der Europäischen Menschenrechtskonvention als verletzt rügen.

Mit diesen Anforderungen werden hohe Hürden aufgestellt, gleichwohl finden sich im Asylrecht immer wieder Fälle, in denen es diese beiden Gerichte waren, die in einer für den Betroffenen ausweglos erscheinenden Lage die rettende Änderung der Entscheidung brachten.

2. Das gerichtliche Verfahren

2.1 Die fristgerechte Klageerhebung

2.1.1 Maßgeblichkeit der Zustellung

Für die Berechnung der Frist, die dem Betroffenen zur Klageerhebung zur Verfügung steht, ist der Tag der Zustellung des Bescheides maßgeblich. Die Zustellung erfolgt zumeist förmlich im Weg der sogenannten Postzustellung, über die der Postbote eine Urkunde anfertigt. Das sind die gelben Umschläge, die der Betroffene in seinem Briefkasten vorfindet. Dem korrespondiert ein Schreiben, das der Postbote wieder mitnimmt, nachdem er zuvor den Tag und den Ort der Postzustellung dokumentiert hat. Zugleich trägt der Postbote das Datum der Zustellung auf dem Umschlag in das dafür vorgesehene Feld ein, in dem er auch seinen Namen zeichnet. Für den Empfänger ist es wichtig, diesen gelben Umschlag mit seinem Inhalt aufzubewahren, weil er so den Tag des Zugangs seines Schreibens sich und anderen nachweisen kann.

2.1.2 Berechnung der Klagefrist

Das Asylgesetz kennt zwei Fristläufe, die zweiwöchige, das ist wichtig für die einfachen Ablehnungen, und die einwöchige, sie tritt ein, wenn ein Asylantrag als „offensichtlich unbegründet" abgelehnt worden ist oder wenn das Bundesamt den Antrag als unzulässig ansieht. Für eine Person, die hier helfen will, sind diese Überlegungen aber überflüssig, weil sich die Frist aus der Rechtsmittelbelehrung ergibt.

Die Frist wird nach Wochen berechnet. Sie wird durch die Zustellung in Gang gesetzt und endet (im Falle der Zwei-Wochen-Frist) zwei Wochen später. Wie das genau berechnet wird, ist in § 187 BGB geregelt. Danach endet die Frist nach zwei Wochen genau am Abend des Tages, der nach seiner Benennung dem Tag entspricht, in den das fristauslösende Ereignis gefallen ist. Wurde der Bescheid also dienstags zugestellt, endet auch die Frist am Dienstag, und zwar genau am Dienstag nach zwei Wochen abends um 24 Uhr.

Endet nach dieser Berechnung eine Frist an einem Samstag, Sonn- oder Feiertag, dann läuft die Frist erst am nächstmöglichen Wochentag aus. Das Gesetz will damit vermeiden, dass Fristen an Sams-, Sonn- oder Feiertagen auslaufen.

Beispiel für den Fristablauf bei einer Zwei-Wochen-Frist:

Tag der Zustellung	Fristablauf
Mittwoch, 12.04.2017	Zwei Wochen später, Mittwoch, 26.04.2017, 24 Uhr
Donnerstag, 11.05.2017	Das wäre zwei Wochen später der Donnerstag, 25.05.2017, das ist aber ein Feiertag (Christi Himmelfahrt), daher Fristablauf am Freitag, dem 26.05.2017, 24 Uhr
Samstag, 15.07.2017	Eigentlich wäre das am Samstag, dem 29.07.17, aber wegen der Feiertagsregelung läuft die Frist erst am nächstmöglichen Werktag ab, das ist hier Montag, der 31.07.2017, 24 Uhr

2.2 Die Klageerhebung

Es ist dringend zu raten, die Klage durch einen Rechtsanwalt erheben zu lassen. Im Notfall kann das aber auch der Betroffene selbst tun. Im Falle eines Minderjährigen wäre das der Vormund. Seine Klageerhebung im Namen des Mündels wäre dann genauso wirksam wie die Klageerhebung durch einen Rechtsanwalt.

Um das Risiko einer fehlerhaften Antragstellung so gering wie möglich zu halten, sollte der Vormund die Rechtsantragstelle des zuständigen Verwaltungsgerichts aufsuchen, den Bescheid und seine Bestallung dort vorlegen und den Klageantrag „zur Niederschrift des Urkundsbeamten erklären". Das hört sich etwas altertümlich an, ist aber im Notfall die beste Lösung. In der Rechtsantragsstelle wird der Antrag mündlich gestellt und dann vom Beamten protokolliert, das weitere Verfahren geht dann seinen üblichen Gang, der Vormund bekommt die Post vom Gericht mit einer Eingangsbestätigung und dem Aktenzeichen des Gerichts.

Da Klageanträge auslegungsfähig sind und hier nicht am buchstäblichen Erklärten stehen geblieben werden darf, genügt es, wenn der Vormund vor dem Urkundsbeamten sinngemäß erklärt, dass er den Ablehnungsbescheid anficht und über die Anfechtung hinaus für sein Mündel möchte, dass das Bundesamt ihm die Flüchtlingseigenschaft (und falls das nicht geht, den subsidiären Schutz) zuerkennt. Der Geschäftsstellenbeamte wird dann die rechtlich zutreffenden Worte finden, um das Gewollte in das Protokoll aufzunehmen. Und auch wenn der Beamte hier eine missglückte Formulierung wählt, muss das Gericht den zutreffenden Sinn durch Auslegung ermitteln.

Der Klageantrag hat somit diese beiden Teile:

Anfechtungsteil	„Ich möchte, dass der Bescheid gegen mein Mündel aufgehoben wird."
Verpflichtungsteil	„Ich möchte, dass das Bundesamt verpflichtet wird, mein Mündel als Flüchtling anzuerkennen oder wenigstens den subsidiären Schutz zu erteilen. Wenn das nicht geht, möchte ich wenigstens, dass das Bundesamt die nationalen Abschiebungsverbote des § 60 Abs. 5 und 7 AufenthG ausspricht."

Hinweis:
Die Rechtsantragstellen bei den Verwaltungsgerichten sind häufig nur vormittags besetzt, daher den Besuch dort vor 12 Uhr einplanen – und auch rechtzeitig vor Fristablauf.

2.3 Die Klagebegründung

2.3.1 Zeitpunkt und Frist

Die schriftliche Klagebegründung ist wichtig. In den Bescheiden wird der Kläger immer aufgefordert, die ihn begünstigenden Tatsachen und die Beweismittel hierfür innerhalb eine Frist von einem Monat ab Zustellung an das Gericht mitzuteilen. Späteres Vorbringen könne vom Gericht unberücksichtigt gelassen werden. Das führt bei Betreuern verständlicherweise zu einer gewissen Hektik. Der Hinweis auf die Begründungsfrist ergibt sich aus dem Gesetz. Wichtig ist hier aber die Bedingung, dass das spätere Vorbringen zu einer Verzögerung bei der Erledigung des Rechtsstreits führen muss, um unberücksichtigt zu bleiben. Umgekehrt heißt das, späteres Vorbringen, das nicht verzögert, kann auch später berücksichtigt werden. Da die asylrechtlichen Gerichtsverfahren derzeit aber Monate dauern, wirkt sich eine geringfügige Überschreitung der Monatsfrist überhaupt nicht aus. Der Anwalt hat Zeit, um die Klagebegründung zu entwerfen, hier muss in einem gewöhnlichen Gerichtsverfahren nichts überstürzt werden.

2.3.2 Inhalt

Die Klagebegründung sollte sich individuell mit dem Bescheid des Bundesamtes auseinandersetzen. Vielfach gründet sich der Bescheid auf die Beurteilung, dass der Asylantragsteller in seinem Vorbringen nicht glaubhaft gewesen sei. Die hierzu im Bescheid genannten Gründe sind, soweit möglich, in der Begründung jeweils zu widerlegen. Seltener sind Rechtsfragen entscheidend (z. B. die Beurteilung der Desertion im Kontext der Verfolgungsgründe).

Hilfreich ist es hier, den Bundesamtsbescheid in den allgemeinen Teil und den individuellen Teil zu unterteilen. In den mehrere Seiten langen Bescheiden finden sich lange allgemeine Abschnitte über die Voraussetzungen der Schutzgewährung und die Anforderungen an einen glaubhaften Vortrag. Diese Teile sind für die Besprechung der Klagebegründung mit dem Antragsteller überflüssig und irreführend. Es empfiehlt sich, die (wenigen) Stellen in dem Bescheid farblich zu markieren, in dem konkret über den Antragsteller geschrieben wird und dann die dort gemachten Einwände gegen die Schutzgewährung aufzulisten. Im nächsten Schritt sollte man diese Einwände widerlegen.

Ferner sollte in der Klagebegründung auf die allgemeine Lage in dem betreffenden Herkunftsland eingegangen werden. Hier ist es hilfreich, wenn diese Ausführungen sich auf die konkrete Lebenssituation des Antragstellers beziehen. Natürlich sind auch Hintergrundinformationen zu geben, sie sollten aber nicht zu viel Raum einnehmen.

Schließlich sollten Beweismittel angegeben werden. Das sind Quellen, die das Vorbringen des Klägers unterstützen. Für allgemeine Verhältnisse können das Lageberichte des Auswärtigen Amtes sein oder Stellungnahmen von UNHCR oder anderen internationalen Organisationen. Gerade dann, wenn sich in einem Land wichtige Veränderungen ergeben, können solche neuen Quellen den Ausschlag geben. Vorgelegt werden können natürlich auch ärztliche Atteste.

2.4 Die mündliche Verhandlung

2.4.1 Grundsatz: Kein Hauptsacheverfahren ohne mündliche Verhandlung

Die mündliche Verhandlung bei Gericht ist Teil eines jeden Gerichtsverfahrens. Sie ist das Herzstück, sozusagen das Gegenstück zur persönlichen Anhörung im Bundesamtsverfahren. Die mündliche Verhandlung gibt dem Kläger die Chance, nochmal alle Gründe für die Klage im Zusammenhang vorzubringen und diese – im Idealfall – mit Unterstützung seines Rechtsanwalts mit dem Gericht zu diskutieren. Die mündliche Verhandlung ist auch der Ort der Beweiserhebung. Wenn etwa Zeugen oder Sachverständige gehört werden, geschieht dies in der mündlichen Verhandlung. Daraus erklärt sich die Wichtigkeit der Verhandlung. Der Kläger hat einen Anspruch auf diese mündliche Verhandlung. Gegen seinen Willen kann nicht auf sie verzichtet werden und sie kann nicht durch ein schriftliches Verfahren ersetzt werden.

Auch das sogenannte Gerichtsbescheidverfahren ändert an diesem Grundsatz nichts, denn ergeht ein negativer Gerichtsbescheid ohne vorherige mündliche Verhandlung, kann der Kläger die Durchführung der mündlichen Verhandlung beantragen. Dann wird der Gerichtsbescheid wirkungslos und durch das Urteil nach der dann später durchzuführenden mündlichen Verhandlung ersetzt.

2.4.2 Ablauf der mündlichen Verhandlung

Zur mündlichen Verhandlung werden die Beteiligten vom Gericht geladen. Bei Verhinderung ist vom Instrument des Verlegungsantrags Gebrauch zu machen.

Nach dem Aufruf der Sache, womit festgestellt wird, welche Personen in welchen Rollen erschienen sind, stattet der Richter oder der berichterstattende Richter den Sachbericht ab. Auf den Sachbericht können die Beteiligten aber auch verzichten, was aus Gründen der Zeitersparnis häufig geschieht.

IX

Kern der asylrechtlichen Verhandlung ist sodann die „informatorische Anhörung" des Klägers. Dieser Ausdruck erklärt sich aus dem Umstand, dass der Kläger nicht Zeuge ist, weil man im deutschen Prozessrecht nicht Zeuge in eigener Sache sein kann. Der Kläger ist aber selbst zu hören, weil das, was Gegenstand seines Asylantrages ist, nur von ihm erlebt oder befürchtet wird, und er hier nicht auf

Dritte verweisen kann. Daher gibt es die informatorische Anhörung, bei der der Kläger von den Gerichten häufig auf seine Wahrheitspflicht hingewiesen wird, auch wenn er sich prozessual keines Aussagedeliktes schuldig machen kann, weil er gerade kein Zeuge ist.

Der Richter leitet diese informatorische Anhörung meist mit der Frage ein, warum der Kläger nicht wieder in sein Heimatland zurückkehren könne. Für die Zahl und Ausrichtung der gestellten Fragen gibt es keine Vorgaben. Manche Richter sind sehr stark am Bundesamtsprotokoll orientiert und prüfen, ob das dort Gesagte in der Verhandlung bestätigt wird. Manche sprechen sogleich die Widersprüche, die ihnen in der Vorbereitung des Falles aufgefallen sind, an und wollen diese aufklären. Wieder andere lösen sich mehr vom Protokoll und messen der informatorischen Anhörung höheres Gewicht bei.

Einige Richter lassen in der mündlichen Verhandlung durchblicken, wie sie einen Fall beurteilen. Die Prozessordnung sieht ein solches Rechtsgespräch durchaus vor. Bei anderen Richtern ist eine allzu große Offenheit aber unbeliebt, weil sie sich gegenüber dem Vorwurf der Befangenheit angreifbar sehen. An sich ist ein offenes Rechtsgespräch positiv, es dient der Konfliktlösung, weil die Beteiligten besser ihre Argumente auf den entscheidenden Punkt lenken können.

2.5 Das Urteil

Nach der mündlichen Verhandlung folgt das Urteil. Manchmal wird es gleich im Anschluss an die Verhandlung verkündet, meistens wird es verkündet, wenn die Beteiligten schon nicht mehr bei Gericht sind, man kann es dann noch am gleichen Tag oder am nächsten Morgen telefonisch bei der Geschäftsstelle erfragen. Bis die schriftliche Form vorliegt, dauert es dann noch einige Tage.

Hin und wieder kommt es aber auch vor, dass das Gericht die Entscheidung nach der Verhandlung noch nicht trifft oder getroffen hat, weil etwa noch Recherchen nachzuholen sind oder der Richter sich den Fall noch einmal in Ruhe durch den Kopf gehen lassen will. In diesen Fällen wird das Urteil „zugestellt". Für die Beteiligten heißt das, dass die Entscheidung eben nicht am Tag der Verhandlung verkündet wird, sondern ausschließlich auf schriftlichem Wege kommt.

Gegen das Urteil kann die Zulassung der Berufung beantragt werden. Die Gründe hierfür sind aber beschränkt: Nach dem Asylprozessrecht können nur die grundsätzliche Bedeutung oder die Abweichung von Entscheidungen der Oberverwaltungsgerichte oder der Bundesgerichte angeführt werden. Das Argument, eine Entscheidung sei schlicht juristisch falsch, ist kein Zulassungsgrund. Das ist in anderen Rechtsgebieten anders; der Gesetzgeber wollte das Asylverfahren aber straffen, so kommt es zu diesen Einschränkungen der Rechtsmittel.

2.6 Der Eilantrag

In besonderen Fällen muss neben der Klage auch ein Eilantrag gestellt werden. Im Asylrecht sind solche Eilanträge ebenfalls fristgebunden. Das ist für sich kein Problem, weil auch diese Frist, wenn denn ein Eilantrag erforderlich ist, in der Rechtsmittelbelehrung genannt ist.

Der Eilantrag ist immer dann erforderlich, wenn der Bundesamtsbescheid sofort vollziehbar ist – also dann, wenn eine Klage keine Hemmung des Vollzuges bewirkt. Juristen sprechen dann davon, dass die Klage keine aufschiebende Wirkung hat. Das ist immer dann der Fall, wenn das Bundesamt einen Asylantrag als „offensichtlich unbegründet" abgewiesen hat oder wenn es den Antrag für unzulässig nach § 29 AsylG erachtet.

Keine aufschiebende Wirkung bedeutet, dass die Abschiebung auch ungeachtet der erhobenen Klage durchgeführt wird. Im schlimmsten Fall bedeutet das, dass der Antragsteller die weitere Klage und auch die mündliche Verhandlung aus dem Ausland verfolgen kann, selbst aber nicht mehr in Deutschland ist.

Mit dem Eilantrag wird das Gericht aufgefordert, eine vorläufige Entscheidung bis zur Entscheidung über die Hauptsache zu treffen. Es kann sein, dass das Gericht die aufschiebende Wirkung anordnet. Die Behörde darf dann vor Abschluss des Gerichtsverfahrens die Abschiebung nicht mehr durchführen.

Die Notwendigkeit einen Eilantrag stellen zu müssen, ist für den Betroffenen mit vielen Problemen verbunden. Nicht nur, dass man plötzlich einer Abschiebung ins Auge sehen muss, auch die Prozessführung ist viel weniger komfortabel. Der Antragsteller hat nicht die Chance, seine Gründe in einer mündlichen Verhandlung vorzutragen, weil es im Eilverfahren keine mündliche Verhandlung gibt. Es zählen nur die schriftlichen Gründe. Außerdem gibt es kein Recht der Beschwerde im asylrechtlichen Eilverfahren. Lehnt das Gericht den Eilantrag ab, ist dieser Beschluss automatisch rechtskräftig. Hier bliebe allenfalls die Verfassungsbeschwerde.

Manchmal ergibt sich aber auch die Chance, das Eilverfahren nochmal neu durchzuführen, wenn sich ein neuer relevanter Grund ergeben hat. Das wird oft ein gesundheitlicher Grund sein, der dann im Rahmen eines Abänderungsantrags geltend gemacht wird.

2.7 Vorgehen nach einem positiven Ausgang des Gerichtsverfahrens

War die Klage erfolgreich, muss zunächst abgewartet werden, ob das Bundesamt seinerseits ein Rechtsmittel einlegt. Angesichts der Beschränkungen, die der Gesetzgeber zur Abkürzung von Asylverfahren geschaffen hat, sind solche Fälle eher unwahrscheinlich.

Beruht das Urteil auf den persönlichen Feststellungen zum Einzelschicksal des Klägers, ist die Wahrscheinlichkeit einer Anfechtung (Antrag auf Berufungszulassung) durch das Bundesamt sehr gering.

Beispiele:

Das Urteil beruht auf der Aussage des Gerichts, dass es in Italien für Asylsuchende nicht ausreichend Wohnraum gebe, was somit die eminente Gefahr der Obdachlosigkeit nach sich ziehe.	Hier könnte das Bundesamt versucht sein, diese Aussage zum Gegenstand eines Berufungsverfahrens zu machen mit dem Argument, dass die Frage des Wohnraums für Flüchtlinge in Italien entweder noch nicht höchstrichterlich geklärt sei oder dass die Aussage des Gerichts, dieser stehe nicht zur Verfügung, von den Entscheidungen anderer Oberverwaltungsgerichte abweiche.
Das Urteil beruht auf der Feststellung, dass der äthiopische Jugendliche J in seiner Schule regimekritische Flugblätter verteilt und deswegen zur Rede gestellt und später sogar mit Schulverweis bestraft worden sei.	Gegen solche individuellen Gründe kann eine asylrechtliche Zulassung der Berufung nicht erfolgreich geführt werden.
Das Urteil beruht darauf, dass das Gericht dem Kläger K geglaubt hat.	Auch diese Wertung ist, weil es eine individuelle Feststellung ist, nicht als Zulassungsgrund geeignet.

Hat das Bundesamt kein Rechtsmittel eingelegt (die Frist hierfür ist ein Monat), wird das Urteil rechtskräftig. Aber auch jetzt muss der Kläger leider noch weiter warten, nämlich auf seinen neuen Bescheid. Das Gericht hat ihm ja nicht selbst den Flüchtlingsstatus (oder einen anderen Schutz) zuerkannt, es hat lediglich das Bundesamt verpflichtet, dies zu tun. Das Bundesamt ist weiter die originäre Instanz für die Zuerkennung des Flüchtlingsschutzes und muss jetzt auf Geheiß des Gerichts diesen Bescheid erlassen. Er heißt deswegen auch „Verpflichtungsbescheid". Anschaulich wird das an der Begründung. Nach der Passage über die Gewährung des Schutzes steht sodann in dem neuen Bundesamtsbescheid, dass dieses durch das Gericht zur Aussprache dieser Entscheidung verpflichtet worden sei.

Erst mit diesem Bescheid in Händen kann sich der ehemalige Kläger an die Ausländerbehörde wenden, um seine aufenthaltsrechtlichen Angelegenheiten zu klären.

IX

X. Die aufenthaltsrechtlichen Folgen aus der Schutzgewährung

1. Trennung von Statusfeststellung und Aufenthaltsrecht

Das deutsche Asyl- und Ausländerrecht trennt zwischen der Statusfeststellung und der Entscheidung über den Aufenthalt. Natürlich steht jedem Schutzberechtigten das Aufenthaltsrecht zu, was sich ja auch aus dem Grundsatz des Non-Refoulement ergibt, aber der Aufenthaltstitel wird nicht vom Bundesamt erteilt, sondern von der Ausländerbehörde. Dazu will die Behörde den Bescheid des Bundesamtes sehen (im Original) oder eine Abschlussmitteilung des Bundesamtes. Manchmal dauert auch diese Mitteilung an die Ausländerbehörde Zeit, weswegen es schneller sein kann, der Ausländerbehörde den Originalbescheid vorzulegen.

2. Die einzelnen Aufenthaltsrechte je nach Status

2.1 § 25 AufenthG

Die einzelnen Folgen lassen sich sehr gut am § 25 AufenthG studieren, der für jeden der vier Status eine Aufenthaltsregelung nennt.

2.2 Die einzelnen Aufenthaltsrechte

Für die vier Status ergeben sich die Rechte nach dem folgenden Schaubild:

Status	Norm im AufenthG	Länge des ersten Aufenthalts	Frühester Zeitpunkt für eine unbefristete Aufenthaltserlaubnis
Asylberechtigter	§ 25 Abs. 1 AufenthG	drei Jahre	drei Jahre (bei bestimmten hohen Anforderungen)
Flüchtling (Genfer Konvention, § 3 AsylG)	§ 25 Abs. 2 1. Alt. AufenthG	drei Jahre	drei Jahre (bei bestimmten hohen Anforderungen)
Subsidiärer Schutz (§ 4 AsylG)	§ 25 Abs. 2 2. Alt. AufenthG	in der Regel: ein Jahr	fünf Jahre
Nationale Abschiebungsverbote	§ 25 Abs. 3 AufenthG	ein Jahr	fünf Jahre

2.3 Das Recht auf einen Reiseausweis für Ausländer

Anerkannten Flüchtlingen und Asylberechtigten ist es nicht zuzumuten, ihre Heimatvertretung wegen der Ausstellung eines Reiseausweises zu kontaktieren.

Es wäre ihnen auch nicht zu raten, weil mit diesem Kontakt der Schutzstatus verloren gehen könnte. Asyl und Flüchtlingsstatus erlöschen, wenn der Schutzberechtigte sich durch die Entgegennahme oder Verlängerung seines Heimatpasses dem Schutz seines Verfolgerstaates wieder unterstellt (§ 72 Abs. 1 Nr. 1 AsylG). Aber das muss er auch nicht, weil die Genfer Flüchtlingskonvention den Staat der Anerkennung verpflichtet, einen Reiseausweis für Flüchtlinge zu erteilen.

Dieser Pass ist bei uns blau und trägt auf dem Deckblatt neben dem Bundesadler und dem Titel „Reiseausweis" den Verweis auf die Konvention vom 28.07.1951, das war der Tag der Verabschiedung der Flüchtlingskonvention.

Wer nicht in den Genuss dieser Anerkennung kommt, muss der Passpflicht in der Regel durch einen Heimatpass genügen.

Nur wer keinen Pass hat und auf zumutbare Weise auch keinen erlangen kann, der kann einen Reiseausweis für Ausländer nach § 5 AufenthV erhalten. Das ist dann der sogenannte „graue Pass".

Bei dieser Zumutbarkeitsprüfung spielen auch politische Fragen eine Rolle; wer z. B. regimekritisch aktiv ist, aber nicht den Flüchtlingsstatus erhalten hatte, kann hiermit immer noch einwenden, dass er zum Kontakt mit den Heimatbehörden nicht verpflichtet werden kann.

Auch aus der Qualifikationsrichtlinie (2011) ergibt sich Hilfreiches für subsidiär Schutzberechtigte:

In Art. 25 Abs. 2 QRL heißt es, dass die Staaten dem Schutzberechtigten „für Reisen außerhalb ihres Hoheitsgebietes" einen Pass ausstellen, sofern zwingende Gründe der nationalen Sicherheit nicht dagegen sprechen. Bei den Behörden kommt es dann oft zu der Frage, ob denn eine Reise bevorstehe oder nicht. Jedenfalls lässt sich mit diesem Passus die Passausstellung erheblich beförder

Status	Reiseausweis
Asylberechtigter	Reiseausweis nach dem Abkommen vom 28.07.1951 („Flüchtlingspass")
Flüchtling (Genfer Konvention, § 3 AsylG)	Reiseausweis nach dem Abkommen vom 28.07.1951 („Flüchtlingspass")
Subsidiärer Schutz (§ 4 AsylG)	Heimatpass, eventuell aber auch „grauer Pass" für Reisen, sonst auch § 5 AufenthV
Nationale Abschiebungsverbote	Heimatpass, eventuell auch grauer Pass nach § 5 AufenthV

2.4 Die Wohnsitzregelung für Anerkannte und andere Begünstigte

Mit dem Integrationsgesetz 2016 hat der Gesetzgeber eine komplizierte und mit all seinen verästelten Folgen fast nicht mehr handhabbare Regelung geschaffen. Die Grundaussage des neuen § 12a AufenthG ist die, dass alle, die eine Aufenthaltserlaubnis wegen einer Anerkennung oder dem Vorliegen von Abschiebungsverboten bekommen, für drei Jahre ihren Wohnsitz nicht aus dem Bundesland des Asylverfahrens verlegen dürfen. Wer während seines Asylverfahrens in Hessen gewohnt hat, kann dann nicht ohne behördliche Erlaubnis nach Baden-Württemberg umziehen.

Vor den drei Jahren endet dieses Verbot aber immer dann, wenn der Ausländer oder sein Ehegatte bzw. eingetragener Lebenspartner seinen Umzug mit der Aufnahme einer Erwerbstätigkeit (mindestens 715 Euro Einkommen), einer Berufsausbildung, einem Studium oder mit familiären Gründen belegen kann. Das sind nämlich die Ausnahmefälle, die § 12a Abs. 1 Satz 2 AufenthG begründet.

Die Bundesländer sind durch § 12a AufenthG ermächtigt, weitergehende Regelungen über die Wohnsitznahme innerhalb ihres Bundeslandes zu treffen. Schließlich darf die Landesregierung danach sogar eine Verordnung erlassen, mit der bestimmte Ausländer zur Vermeidung einer Ghettobildung verpflichtet werden können, einen bereits bestehenden Wohnsitz aufzugeben, um sich woanders anzusiedeln (§ 12a Abs. 4 AufenthG). Diese Regelung ist aber, soweit ersichtlich, bislang in keinem der Bundesländer umgesetzt worden.

XI. Aufenthaltssicherung ohne oder nach negativ verlaufenem Asylverfahren

1. Verschiedene Fallkonstellationen

Neben dem vorstehend beschriebenen asylrechtlichen Weg der Aufenthaltssicherung bietet sich noch der aufenthaltsrechtliche.

Beide Wege schließen sich nicht per se gegenseitig aus. Unbedingt zu beachten ist aber, dass je nach Ausgang des Asylverfahrens bestimmte aufenthaltsrechtliche Möglichkeiten der Aufenthaltssicherung versperrt sein können, vgl. § 10 AufenthG, weshalb insbesondere bei UMF aus sicheren Herkunftsstaaten sehr genau geprüft werden sollte, ob die Einleitung eines Asylverfahrens sinnvoll ist (in der Regel dürfte dies nicht der Fall sein).

Denkbar sind insbesondere drei Fälle, in denen bei der Aufenthaltssicherung von UMF nach aufenthaltsrechtlichen Lösungen gesucht werden sollte:

- Eine nach Ankunft des UMF durchgeführte Überprüfung der Fluchtgeschichte ergibt, dass ein Asylantrag keinerlei Aussicht auf Erfolg hätte (z. B. bei einem UMF aus einem sicheren Herkunftsland, der sich zur Begründung seiner Einreise nach Deutschland ausschließlich auf wirtschaftliche Gründe beruft). Ein Asylantrag wird daraufhin erst gar nicht gestellt.
- Eine nach Ankunft des UMF durchgeführte Überprüfung der Fluchtgeschichte ergibt, dass ein Asylantrag Aussicht auf Erfolg haben könnte. Der Asylantrag wird daraufhin gestellt, das Bundesamt lehnt diesen jedoch vollständig ab, eine Klage wird nicht erhoben.
- Eine nach Ankunft des UMF durchgeführte Überprüfung der Fluchtgeschichte ergibt, dass ein Asylantrag Aussicht auf Erfolg haben könnte. Der Asylantrag wird daraufhin gestellt, das Bundesamt lehnt diesen jedoch vollständig ab. Ein fristgerecht eingeleitetes Klageverfahren vor dem zuständigen Verwaltungsgericht bleibt ebenfalls erfolglos.

Eine Auseinandersetzung mit aufenthaltsrechtlichen Lösungsmöglichkeiten kann also gleich zu Beginn des Aufenthalts des UMF nötig werden oder erst zu einem späteren Zeitpunkt (nach einem negativen Abschluss des Asylverfahrens).

Bei UMF sollte insbesondere die Möglichkeit der Erteilung einer Ausbildungsduldung geprüft werden (dazu nachfolgend 2.1). Ebenfalls zu kontrollieren ist, ob die Erteilung einer Aufenthaltserlaubnis nach § 25 Abs. 5 AufenthG (dazu 2.2) oder § 25a AufenthG (dazu 2.3) in Betracht kommt. Schließlich sollten die Chancen eines Petitions- bzw. Härtefallantrags ausgelotet werden.

Erfolgt die Ablehnung des Asylantrags zu einem Zeitpunkt, zu dem der Betroffene noch minderjährig ist (oder wird für einen noch Minderjährigen die Entscheidung getroffen, ein Asylverfahren erst gar nicht einzuleiten), sollte als erste Maßnahme gegenüber der Ausländerbehörde nachdrücklich auf den Duldungsgrund des § 58 Abs. 1a AufenthG hingewiesen werden (vgl. hierzu Kapitel V.2.1.1).

2. Einzelne Aufenthaltssicherungsmöglichkeiten

2.1 Ausbildungsduldung nach § 60a Abs. 2 Sätze 3 ff. AufenthG

§ 60a Abs. 2 Satz 3 AufenthG sieht ganz allgemein vor, dass einem Ausländer eine Duldung erteilt werden *kann*, wenn dringende humanitäre oder persönliche Gründe oder erhebliche öffentliche Interessen seine vorübergehende weitere Anwesenheit im Bundesgebiet erfordern.

Besonders hilfreich für UMF, die auf der Suche nach aufenthaltsrechtlichen Lösungen sind, ist die darauf folgende Regelung in Satz 4, die der Gesetzgeber mit dem Integrationsgesetz im August 2016 in dieser Form eingefügt hat:

§ 60a Abs. 2 Satz 4 AufenthG:

„Eine Duldung wegen dringender persönlicher Gründe im Sinne von Satz 3 ist zu erteilen, wenn der Ausländer eine qualifizierte Berufsausbildung in einem staatlich anerkannten oder vergleichbar geregelten Ausbildungsberuf in Deutschland aufnimmt oder aufgenommen hat, die Voraussetzungen nach Absatz 6 nicht vorliegen und konkrete Maßnahmen zur Aufenthaltsbeendigung nicht bevorstehen."

Gegenüber der früheren Regelung (und der Fassung im Gesetzgebungsverfahren) hat die derzeitige Regelung für den Ausländer vier Vorteile:

- Ist-Regelung (die Ausländerbehörde ist verpflichtet, die Duldung zu erteilen, wenn die im Gesetz genannten Voraussetzungen vorliegen – kein Ermessen!),
- Keine Altersgrenze (die zuvor im Gesetz genannte Altersgrenze von 21 Jahren ist gestrichen worden; damit können auch Ältere in den Genuss der Ausbildungsduldung kommen),

XI

- Erteilung der Duldung für die Dauer der Ausbildung,
- Auch Ausländer aus sicheren Herkunftsstaaten können von der Regelung grundsätzlich profitieren, solange ihr nach dem 31.08.2015 gestellter Asylantrag nicht abgelehnt worden ist (zuvor waren Personen aus den sicheren Herkunftsstaaten per se ausgeschlossen).

Der Einstieg in das weiter oben dargestellte Stufenschema der Aufenthaltssicherung kann also (auf niedrigster Stufe) gelingen, wenn eine Ausbildungsstelle gefunden wird. Qualifiziert ist eine Ausbildung jedenfalls dann, wenn sie in einem von der IHK anerkannten Ausbildungsberuf absolviert wird und mindestens zwei Jahre dauert.

Die Formulierung „aufnimmt oder aufgenommen hat" macht zudem deutlich, dass die Vorlage eines Ausbildungsvertrages, in dem der konkrete Beginn der Ausbildung genannt wird, ausreichend ist. Die Ausbildung selbst muss noch nicht aufgenommen worden sein. Liegt der Ausbildungsbeginn noch mehrere Monate in der Zukunft, sind jedoch Diskussionen mit der Ausländerbehörde zu erwarten. Argumentiert man mit dem Gesetzeszweck (Möglichkeit der Aufenthaltssicherung einerseits, Stärkung des Arbeitsmarktes andererseits), dürfte aber auch ein Ausbildungsbeginn mehrere Monate später kein Hinderungsgrund zur Duldungsausstellung sein.

Die Aufnahme eines Studiums zählt nicht als Berufsausbildung. Das ist begrifflich nicht anders zu erwarten, in dem Erlass des Landes Nordrhein-Westfalen zu dieser Thematik aber ausdrücklich ausgesprochen. Gleichwohl schließt das nicht aus, einem studierenden Ausländer z. B. zur Beendigung seines Studiums aus dringenden persönlichen Gründen eine Duldung zu erteilen.

Problematisch aus Sicht derer, die ihren Aufenthalt ohne oder nach einem gescheiterten Asylverfahren sichern wollen, ist außerdem der Verweis auf § 60a Abs. 6 AufenthG. Hierdurch werden u. a. Staatsangehörige eines sicheren Herkunftsstaates, deren nach dem 31.08.2015 gestellter Asylantrag abgelehnt wurde, von der Begünstigung des Abs. 2 Satz 4 ausgenommen. Dies hat zu der Überlegung geführt, ob Ausländern aus sicheren Herkunftsstaaten hier nicht die Rücknahme des gestellten Asylantrags anzuraten sei. Mit der Rücknahme des Asylantrags würde die Ausbildungsduldung möglich. Ergänzend hinzuweisen ist aber darauf, dass auch eine Rücknahme nicht leichtfertig erfolgen sollte, sondern sie sollte das Ergebnis einer hinreichenden Prüfung sein.

Darüber hinaus zeigen erste Erfahrungen in der Praxis (nach Einführung der Regelung zur Ausbildungsduldung in der nun geltenden Fassung), dass der Halbsatz in § 60a Abs. 2 Satz 4 AufenthG „(...) und konkrete Maßnahmen zur Aufenthaltsbeendigung nicht bevorstehen" zu einigen Schwierigkeiten führt. Einige Ausländerbehörden, insbesondere in Bayern, interpretieren diesen Hinweis des Gesetzgebers sehr restriktiv und lassen schon geringste Bemühungen um eine Abschiebung ausreichen, um von „konkreten Maßnahmen" ausgehen zu können. Zu nennen sind hier die Aufforderung zur Passbeschaffung, die Ladung zur konsularischen Vertretung des Herkunftslandes u. a. Ein solcher früher Ansatzpunkt läuft dem Gesetzeszweck aber zuwider. Stellt sich die Ausländerbehörde auf eine solche Position, sollte dies im Einzelfall gerichtlich geklärt werden.

In den Fällen nach Satz 4 wird die Duldung für die im Ausbildungsvertrag bestimmte Dauer der Berufsausbildung erteilt. Auf diese Regelung sollte unbedingt hingewiesen werden, da die Ausländerbehörden manchmal dazu neigen, die Ausbildungsduldung zunächst nur für ein Jahr auszustellen (z. B. mit der Begründung, dass das erste Lehrjahr besonders schwer sei und erst abgewartet werden solle, ob die Ausbildung fortgesetzt werden wird). Dieses Vorgehen verstößt gegen den klaren Gesetzeswortlaut.

Es steht der Ausländerbehörde auch nicht zu, die Eignung des Auszubildenden selbst noch einmal zu prüfen oder z. B. mangelnde Sprachkenntnisse als Grund der Verweigerung vorzubringen: Hat der junge Mensch einen Ausbildungsplatz gefunden, ist das allein entscheidend, es liegt allein in der Hand der Ausbilder, die Eignung der Auszubildenden festzustellen.

Zu beachten sind schließlich noch die Regelungen zur Untersagung der Duldungserteilung sowie zum Vorgehen bei einem Abbruch der Ausbildung:

- Eine Duldung nach Satz 4 wird nicht erteilt und eine nach Satz 4 erteilte Duldung erlischt, wenn der Ausländer wegen einer im Bundesgebiet begangenen vorsätzlichen Straftat verurteilt wurde, wobei Geldstrafen von insgesamt bis zu 50 Tagessätzen oder bis zu 90 Tagessätzen wegen Straftaten, die nach dem Aufenthaltsgesetz oder dem Asylgesetz nur von Ausländern begangen werden können, grundsätzlich außer Betracht bleiben.

- Wird die Ausbildung nicht betrieben oder abgebrochen, ist der Ausbildungsbetrieb verpflichtet, dies unverzüglich, in der Regel innerhalb einer Woche, der zuständigen Ausländerbehörde schriftlich mitzuteilen.
- Die nach Abs. 2 Satz 4 erteilte Duldung erlischt, wenn die Ausbildung nicht mehr betrieben oder abgebrochen wird.
- Wird das Ausbildungsverhältnis vorzeitig beendigt oder abgebrochen, wird dem Ausländer einmalig eine Duldung für sechs Monate zum Zweck der Suche nach einer weiteren Ausbildungsstelle zur Aufnahme einer Berufsausbildung nach Abs. 2 Satz 4 erteilt.

Die Ausbildungsduldung stellte einen neuen eigenen Schritt in der Migrationspolitik dar. Die Reaktion in der Praxis ist daher noch nicht absehbar. Vieles wird sich erst noch in den kommenden Monaten klären, auch wenn es in einigen Bundesländern dazu bereits Anwendungshinweise aus den Ministerien gibt. Ein erster Erlass in Bayern zeichnet sich allerdings durch eine sehr restriktive Interpretation der Gesetzesnorm aus, so dass es hier an den Gerichten ist, die Spielräume dieses neuen Instruments wirklich erst herzustellen.

Auch für die Zeit nach der (erfolgreichen) Ausbildung sieht der § 60a Abs. 2 Sätze 4 ff. AufenthG klare Regeln vor:

- Eine nach Satz 4 erteilte Duldung wird für sechs Monate zum Zweck der Suche nach einer der erworbenen beruflichen Qualifikation entsprechenden Beschäftigung verlängert, wenn nach erfolgreichem Abschluss der Berufsausbildung, für die die Duldung erteilt wurde, eine Weiterbeschäftigung im Ausbildungsbetrieb nicht erfolgt; die zur Arbeitsplatzsuche erteilte Duldung darf für diesen Zweck nicht verlängert werden.

Wird der Betroffene von seinem Ausbildungsbetrieb in ein festes Arbeitsverhältnis übernommen oder findet er eine andere Arbeitsstelle, kann ihm nach § 18a AufenthG eine Aufenthaltserlaubnis ausgestellt werden.

Beispiel:

B wird 1996 in Kabul geboren. Als er von den Taliban bedroht wird, flieht er 2012 ohne seine Familie nach Deutschland. Hier stellt er einen Asylantrag, der jedoch vom BAMF abgelehnt wird (2014). Ein Gerichtsverfahren bleibt ebenfalls erfolglos (2015).

Während seines Asylverwaltungs- und Klageverfahrens besucht B eine Schule, lernt Deutsch und macht schließlich Anfang 2016 einen Realschulabschluss. Er wird nach dem verlorenen Klageverfahren zunächst wegen Passlosigkeit geduldet. Als er im Mai 2016 die Zusage für einen Ausbildungsplatz als Krankenpfleger erhält, wird ihm eine Ausbildungsduldung ausgestellt. B absolviert die Ausbildung und wird von seinem Ausbildungsbetrieb in ein festes Arbeitsverhältnis übernommen.

Er erhält eine Aufenthaltserlaubnis nach § 18a AufenthG.

War der Asylantrag allerdings mit dem besonderen Zusatz „offensichtlich unbegründet" abgelehnt worden und begründete das Bundesamt dies mit § 30 Abs. 3 Nr. 1 bis 6 AsylG, dann ist dem Ausländer trotz gelungener Ausbildung der Weg in den § 18a AufenthG versperrt.

2.2 Aufenthaltserlaubnis nach § 25 Abs. 5 AufenthG

Neben der vorstehend beschriebenen Ausbildungsduldung besteht auch die (theoretische) Möglichkeit, aus der Statuslosigkeit heraus eine Aufenthaltserlaubnis (und nicht „nur" eine Duldung) ausgestellt zu bekommen. Dies ist nach § 25 Abs. 5 AufenthG in Fällen denkbar, in denen mit dem Wegfall von mindestens einem Duldungsgrund über einen absehbaren Zeitraum nicht zu rechnen ist („Kann-Regelung" in § 25 Abs. 5 Satz 1 AufenthG). Eine „Soll-Regelung" zur Erteilung gilt, wenn die Abschiebung seit 18 Monaten ausgesetzt ist (§ 25 Abs. 5 Satz 2 AufenthG).

Allerdings gelten auch hier Einschränkungen: Eine Aufenthaltserlaubnis darf nur erteilt werden, wenn der Ausländer unverschuldet an der Ausreise gehindert ist. Ein Verschulden des Ausländers liegt insbesondere vor, wenn er falsche Angaben macht oder über seine Identität oder Staatsangehörigkeit täuscht oder zumutbare Anforderungen zur Beseitigung der Ausreisehindernisse nicht erfüllt.

Beispiel:

A aus Somalia ist 15 Jahre alt und hat in Bulgarien den Flüchtlingsstatus erhalten. In Bulgarien kennt er niemanden, der sich

XI

um ihn kümmern könnte. Ein Asylantrag in Deutschland wurde nicht gestellt. Vor dem Hintergrund der Regelung des § 58 Abs. 1a AufenthG beantragt der Vormund eine Aufenthaltserlaubnis nach § 25 Abs. 5 AufenthG.

2.3 Aufenthaltserlaubnis nach § 25a AufenthG

Mit der Vorschrift des § 25a AufenthG wird „belohnt", wer sich schon lange in Deutschland aufhält und hier erfolgreich die Schule besucht (hat). Das entscheidende Datum ist hier der 21. Geburtstag des jungen Menschen. Ist der (ehemalige UMF) bereits über 21 Jahre alt, fällt er nämlich aus dem Anwendungsbereich des § 25a AufenthG heraus. Denkbar ist dann noch ein Antrag auf eine Aufenthaltserlaubnis gemäß § 25b AufenthG (unter den dort vorgesehenen Voraussetzungen, die hier nicht dargestellt sind).

Bei unter 21-Jährigen, denen die Aufenthaltssicherung bislang nicht gelungen ist, sollte standardmäßig etwa ein halbes Jahr vor dem 21. Geburtstag überprüft werden, ob ein Antrag nach § 25a AufenthG in Betracht kommen könnte, der dann vor dem 21. Geburtstag zu stellen ist. Aussichtsreich ist das dann, wenn – neben dem gerade erwähnten Alter – die weiteren Voraussetzungen der Vorschrift vorliegen. Diese lauten im Einzelnen:

- Der Jugendliche oder Heranwachsende sollte im Besitz einer Duldung sein.

  Umstritten ist, ob ein Antrag „aus der Aufenthaltsgestattung heraus" tatsächlich nicht möglich sein soll – der Wortlaut der Norm deutet hierauf hin und auch die Ausländerbehörden teilen regelmäßig diese Auffassung.

- Der Betroffene muss sich seit mindestens vier Jahren geduldet, gestattet oder erlaubt in Deutschland aufhalten.

  Damit er mit 21 Jahren diese Zeiten erfüllen kann, muss er demnach in einem Alter von unter 17 Jahren eingereist sein. Die Reihenfolge von Duldung, Gestattung oder Erlaubnis ist ohne Bedeutung.

- § 25a AufenthG verlangt weiterhin einen mindestens vierjährigen Schulbesuch oder einen Schul- bzw. Berufsabschluss.

  Dieser sollte mit den entsprechenden Zeugnissen im Idealfall schon bei der Antragstellung nachgewiesen werden. Sollten die Zeugnisse bei der Antragstellung noch nicht vorliegen, ist es ratsam, die baldige Vorlage der Dokumente anzukündigen.

- Bei dem Betroffenen dürfen keine Hinweise für das Abwenden von der freiheitlich demokratischen Grundordnung vorliegen und er muss sich voraussichtlich in die Lebensverhältnisse der Bundesrepublik einfügen (was bei einem langen Aufenthalt mit Schulbesuch in aller Regel der Fall sein dürfte).
- Über die Identität oder Staatsangehörigkeit darf nicht getäuscht worden sein.

  Eine frühere Täuschung, die von den Eltern oder anderen Sorgeberechtigten des Antragstellers in dessen Namen begangen wurde, darf jedenfalls dann nicht zur Verweigerung der Aufenthaltserlaubnis gemäß § 25a AufenthG führen, wenn der Betroffene die Täuschung nie aktiv bestätigt hat und im Zuge seines Antrages zur Aufklärung beiträgt.
- Die Passpflicht muss erfüllt sein.

  Dies stellt regelmäßig eine hohe Hürde dar. Lässt sich partout kein Pass beschaffen, muss mit der Ausländerbehörde geklärt werden, ob die Ausstellung eines Ersatzpapieres in Betracht kommt.
- Der Nachweis der Lebensunterhaltssicherung ist nicht nötig, solange sich der Antragsteller in einer schulischen, studentischen oder beruflichen Ausbildung befindet.

Vereinfacht lassen sich die Voraussetzungen des § 25a Abs. 1 AufenthG wie folgt darstellen:

Voraussetzungen des § 25a Abs. 1 AufenthG

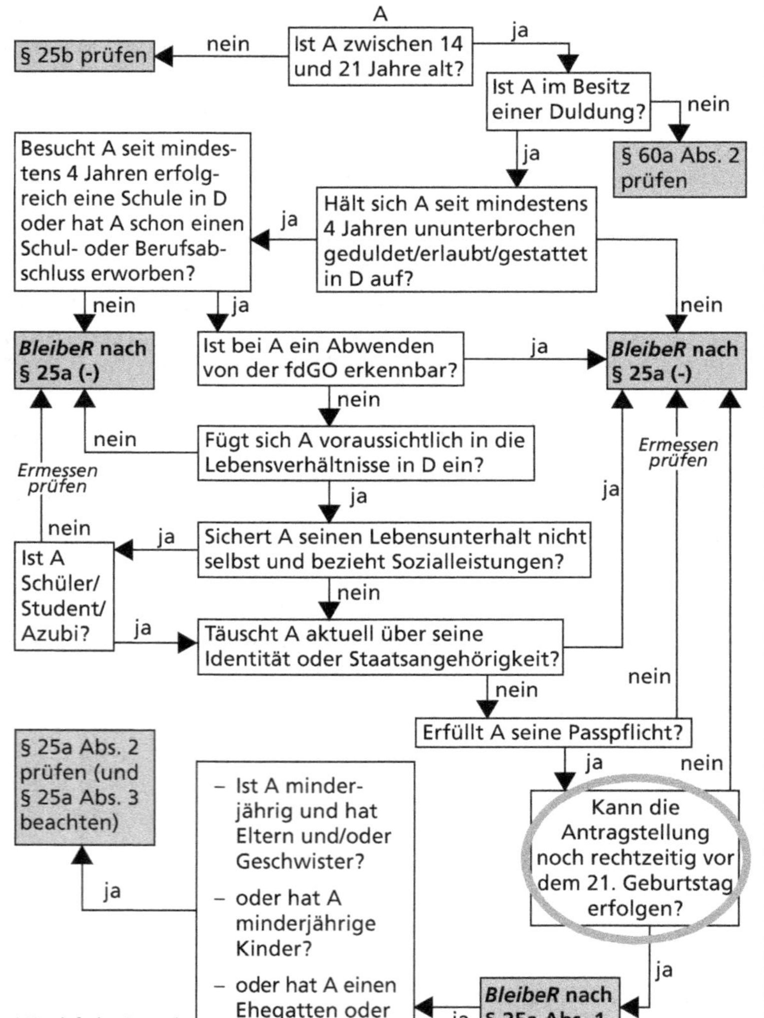
A
Ist A zwischen 14 und 21 Jahre alt?
nein
§ 25b prüfen
ja
Ist A im Besitz einer Duldung?
nein
§ 60a Abs. 2 prüfen
ja
Hält sich A seit mindestens 4 Jahren ununterbrochen geduldet/erlaubt/gestattet in D auf?
ja
Besucht A seit mindestens 4 Jahren erfolgreich eine Schule in D oder hat A schon einen Schul- oder Berufsabschluss erworben?
nein
BleibeR nach § 25a (-)
ja
Ist bei A ein Abwenden von der fdGO erkennbar?
ja
BleibeR nach § 25a (-)
nein
Fügt sich A voraussichtlich in die Lebensverhältnisse in D ein?
Ermessen prüfen
ja
Sichert A seinen Lebensunterhalt nicht selbst und bezieht Sozialleistungen?
Ist A Schüler/ Student/ Azubi?
Täuscht A aktuell über seine Identität oder Staatsangehörigkeit?
Erfüllt A seine Passpflicht?
Kann die Antragstellung noch rechtzeitig vor dem 21. Geburtstag erfolgen?
BleibeR nach § 25a Abs. 1
– Ist A minderjährig und hat Eltern und/oder Geschwister?
– oder hat A minderjährige Kinder?
– oder hat A einen Ehegatten oder Lebenspartner?
§ 25a Abs. 2 prüfen (und § 25a Abs. 3 beachten)

* Vereinfachte Darstellung; im Einzelfall Rechtsrat suchen.

XI

3. Petition und Härtefallantrag

War die Aufenthaltssicherung weder auf dem asylrechtlichen noch auf dem aufenthaltsrechtlichen Weg erfolgreich, bleiben als letzte Wege noch ein Petitions- und Härtefallantrag. Die genaue rechtliche Ausgestaltung dieser beiden Mittel bleibt im Wesentlichen dem Landesrecht überlassen, weshalb hier auf eine allgemeine Darstellung weitgehend verzichtet wird.

Bitte beachten: In einigen Ländern (z. B. in Hessen) muss, um einen Härtefallantrag stellen zu können, zunächst ein Petitionsverfahren durchlaufen worden sein. Die Petitionsausschüsse bieten die entsprechenden Informationen auf ihren Internetseiten an; eine vorherige Abklärung dieser Frage sowie jener danach, ob eine Petition im jeweiligen Fall aufschiebende Wirkung hat, ist sehr sinnvoll.

Petitionen richten sich an das jeweilige Landesparlament und müssen auf ein Anliegen gerichtet sein, welches auf Landesebene geklärt werden kann (z. B.: eine Petition gerichtet auf die Erteilung einer Aufenthaltserlaubnis gemäß § 25 Abs. 5 AufenthG; nicht aber: ein Antrag auf Neubescheidung durch das BAMF).

Härtefallanträge haben ihre (bundes-)gesetzliche Grundlage in § 23a AufenthG. Die in den einzelnen Ländern bestehenden Gremien sind typischerweise zusammengesetzt aus Landtagsabgeordneten, Behördenvertretern sowie Vertretern von NGOs und Kirchen. Um mit einem Härtefallantrag erfolgreich sein zu können, muss belegt werden, dass eine Abschiebung im konkreten Einzelfall eine besondere Härte bedeuten würde. Zu belegen sind außerdem eine gelungene Integration und die Lebensunterhaltssicherung.

Die Erfahrung zeigt, dass es günstig ist, wenn der Ausländer von einer größeren Gruppe von Unterstützern begleitet wird, die sich auch schriftlich an die Kommission wenden können. Hilfreich ist auch eine Kontaktaufnahme mit einzelnen Kommissionsmitgliedern, die für den Fall in bestimmter Weise vor der Kommission votieren können.

XII. Exkurs: Familienzusammenführung

XII

1. Allgemeines

Die Möglichkeiten eines Familiennachzugs sind regelmäßig von großer Bedeutung während der Betreuung eines UMF. Häufig lautet die erste Frage des Kindes oder Jugendlichen nämlich nicht *„Wie kann ich meinen Aufenthalt sichern?"*, sondern *„Wann kann ich meine Familie wiedersehen?"* Daher kann und soll auf die Darstellung der Möglichkeiten der Familienzusammenführung in diesem Buch nicht verzichtet werden.

Bei der Beantwortung der Frage nach einer möglichen Familienzusammenführung ist grundsätzlich zu unterscheiden, ob im jeweiligen Fall eine *„Familienzusammenführung via Dublin"* (dazu nachfolgend unter 3.) in Betracht kommt oder ob das in den §§ 27 ff. AufenthG vorgesehene Verfahren zur Familienzusammenführung nach Anerkennung als Schutzberechtigter (dazu unter 4.) durchlaufen werden sollte. Nicht selten wird – nicht ganz korrekt – außerdem der Begriff der „Familienzusammenführung" verwendet, wenn sich bereits alle Familienmitglieder in Deutschland aufhalten und eine Umverteilung stattfinden soll (dazu unter 2.).

Derzeit ist wegen der Überlastung der beteiligten Behörden in der Regel keines der genannten Verfahren innerhalb weniger Wochen oder Monate durchführbar, weshalb ganz zu Beginn eines Gesprächs mit dem UMF über eine mögliche Familienzusammenführung der Hinweis stehen sollte, dass er Geduld (und gute Nerven) benötigen wird, um diesbezüglich erfolgreich sein zu können. In nicht wenigen Fällen dürfte am Ende einer Beratung zum Thema Familiennachzug sogar die Erkenntnis stehen, dass ein Nachzug der Eltern (und/oder anderer Familienmitglieder) wegen des bevorstehenden Volljährigkeitseintritts nicht mehr umsetzbar sein wird.

Wenigstens können oftmals gleich zu Beginn des Aufenthalts des UMF in Deutschland die ersten Schritte unternommen werden, um im später folgenden Verfahren zur Familienzusammenführung keine Zeit zu verlieren. So sollte, wenn der UMF seinen Wunsch zur Familienzusammenführung äußert (und eine solche nach den sogleich zu beleuchtenden Kriterien nicht völlig aussichtslos erscheint), unverzüglich damit begonnen werden, die in jedem Fall vorzulegenden Unterlagen (z. B. das Familienbuch bei syrischen Jugendlichen) zu sammeln, übersetzen und gegebenenfalls beglaubigen zu lassen.

2. „Familienzusammenführung" innerhalb Deutschlands (Umverteilung)

Wenn sich bereits alle Familienmitglieder (an unterschiedlichen Orten) in Deutschland aufhalten und nunmehr zusammen an einem Ort leben wollen, wird manchmal ebenfalls der Begriff „Familienzusammenführung" verwendet. Zutreffender ist es, diesen Vorgang unter dem Stichwort Umverteilung zu diskutieren.

Ob eine Umverteilung möglich ist, hängt vom Einzelfall ab. So richtet sich die Umzugsmöglichkeit zunächst danach, ob die umzuverteilende Person eine Duldung, eine Gestattung oder eine Aufenthaltserlaubnis nach § 25 Abs. 1 bis 3 AufenthG hat.

2.1 Umverteilung von geduldeten Personen

Wurde der Person, die umziehen möchte, eine Duldung ausgestellt, richtet sich die Umzugsmöglichkeit nach § 61 Abs. 1d AufenthG:

> **§ 61 Abs. 1d AufenthG:**
>
> „Ein vollziehbar ausreisepflichtiger Ausländer, dessen Lebensunterhalt nicht gesichert ist, ist verpflichtet, an einem bestimmten Ort seinen gewöhnlichen Aufenthalt zu nehmen (Wohnsitzauflage) (...) Die Ausländerbehörde kann die Wohnsitzauflage von Amts wegen oder auf Antrag des Ausländers ändern; hierbei sind die Haushaltsgemeinschaft von Familienangehörigen oder sonstige humanitäre Gründe von vergleichbarem Gewicht zu berücksichtigen. (...)"

Aus dieser Regelung folgt, dass bei einem Umzugswunsch einer geduldeten Person ein Antrag bei der Ausländerbehörde des Wohnortes gestellt werden sollte. Diese kann sich mit der Ausländerbehörde des Wunsch-Zielortes einigen. Einen Anspruch auf einen solchen Umzug gibt es jedoch nicht.

2.2 Umverteilung von gestatteten Personen

In Zeiten mit einer Aufenthaltsgestattung unterliegen die Betroffenen in aller Regel einer Wohnsitzauflage. Dies ergibt sich aus § 60 Abs. 1 Satz 1 AsylG. Möchte nun eine gestattete Person zu ihren Familienmitgliedern an einem anderen Ort Deutschlands ziehen, so greifen – je nach gewünschtem Zielort – unterschiedliche rechtliche Regelungen.

Soll der Umzug innerhalb eines Bundeslandes erfolgen, gilt § 50 Abs. 4 AsylG. Bei einem Umzug in ein anderes Bundesland ist hingegen § 51 AsylG die Rechtsgrundlage. In beiden Fällen sollen nach dem Wortlaut der genannten Vorschriften „die Haushaltsgemeinschaft von Familienangehörigen im Sinne des § 26 Abs. 1 bis 3 AsylG" (Ehegatten/Lebenspartner, minderjährige ledige Kinder, Eltern oder verantwortliche Erwachsene eines Minderjährigen) „oder sonstige humanitäre Gründe von vergleichbarem Gewicht" berücksichtigt werden. Bei einer länderübergreifenden Umverteilung sollte der Antrag hierauf bei der für die Zuweisung zuständigen Stelle im Zielbundesland gestellt werden.

2.3 Umzug von Personen mit einer Aufenthaltserlaubnis nach § 25 Abs. 1 bis 3 AufenthG

Wurde dem umzugswilligen Familienmitglied bereits eine Aufenthaltserlaubnis erteilt, nachdem er oder sie ein erfolgreiches Asylverfahren durchlaufen hat, kann die (neuerdings) zu beachtende Wohnsitzregelung des § 12a AufenthG einen Umzug gegebenenfalls verhindern. Es wird diesbezüglich auf die Ausführungen unter Kapitel X.2.4 verwiesen.

3. Familienzusammenführung via Dublin

Nach der sich noch in Kraft befindlichen Dublin-III-VO gilt der Grundsatz, dass Familien ihre Asylverfahren gemeinsam durchlaufen sollen. Die Verordnung unterscheidet insoweit jedoch zwischen Muss- und Kann-Regelungen:

- Möchte ein UMF zu seiner/seinem Mutter/Vater, Schwester/Bruder, Tante/Onkel, Oma/Opa in einen anderen Dublin-Staat, gilt (unter dem Vorbehalt des Kindeswohls) die Muss-Regelung des Art. 8 Abs. 1 und 2 Dublin-III-VO.
- Begehrt der UMF den Umzug zu seiner Großtante/seinem Cousin etc. in einem anderen Dublin-Staat, gilt die Kann-Regelung des Art. 17 Abs. 2 Dublin-III-VO.

Die in der Praxis häufigsten Fälle sind jene von UMF, die

- sich in Deutschland im Asylverfahren befinden oder
- hier den Flüchtlingsstatus oder subsidiären Schutz erhalten haben

und nun einen Elternteil aus einem anderen Dublin-Staat nach Deutschland holen möchten.

Hierbei kommen Art. 9 und 10 Dublin-III-VO zur Anwendung. Eine solche *„Familienzusammenführung via Dublin"* ist unter Umständen möglich. Die erste Voraussetzung ist dabei stets die Zustimmung aller beteiligten Angehörigen.

Die Dublin-Befragung dient der Feststellung der familiären Bindungen zwecks Zusammenführung. Die den UMF betreuende Person sollte daher die familiären Verhältnisse des UMF möglichst frühzeitig mit diesem abklären und darauf achten, dass die entsprechenden Angaben im Protokoll der Dublin-Befragung enthalten sind. Ergibt die Befragung, dass eine *„Familienzusammenführung via Dublin"* angezeigt ist, muss das Verfahren in Gang gesetzt werden. Dies erfolgt durch ein Übernahmeersuchen der „abgebenden" Behörde (also z. B. der griechischen Asylbehörde, wenn sich die Eltern des Kindes oder Jugendlichen dort aufhalten).

Beide Behörden müssen sich sodann über die Zusammenführung der Familie verständigen. Dieser in der Theorie vermeintlich unkomplizierte Prozess hat sich als sehr träge und wenig erfolgversprechend erwiesen. Häufig haben die nachzugswilligen Personen große Sorge davor, sich mit den jeweiligen Asylbehörden in Verbindung zu setzen, da sie nicht wollen, dass ein anderer Staat als Deutschland (wo sich ihre Familienmitglieder befinden) für ihren Schutzantrag zuständig wird. Die kurzen Fristen (drei Monate ab Antragstellung für das Übernahmeersuchen, zwei Monate ab dem Übernahmeersuchen für eine Antwort hierauf, sechs Monate für die Überstellung) tun ihr Übriges dazu, dass diese Form der Familienzusammenführung zuletzt eine eher geringe praktische Bedeutung hatte.

Beispiel:

Der 16-jährige A befindet sich im Asylverfahren in Deutschland. Seine Mutter (M) kommt in Griechenland an und stellt dort einen Asylantrag. Der Vormund des A lässt sich das Aktenzeichen der M im griechischen Asylverfahren schicken und wendet sich an die griechische Dublin-Einheit mit der Bitte, innerhalb von drei Monaten nach der Antragstellung der M ein Aufnahmeersuchen an die deutsche Dublin-Einheit zu senden. Zusätzlich wendet sich die M ebenfalls mit einer entsprechenden Bitte an die griechische Behörde. Diese sendet tatsächlich ein entsprechendes Ersuchen an das BAMF, welches seinerseits innerhalb von zwei Monaten eine positive Antwort nach Griechenland sendet. Nun bleiben sechs Monate, um die Überstellung der M durchzuführen.

4. Familienzusammenführungsverfahren nach der Anerkennung als Schutzberechtigter

4.1 Grundkonstellation

Ebenfalls mit einigen hohen Hürden verbunden, ist das „klassische" Familienzusammenführungsverfahren nach Anerkennung als Schutzberechtigter.

Die Ausgangssituation ist hierbei wie folgt: Person A ist in Deutschland und hat einen Schutzstatus erhalten (Person A wird in Büchern und im Verwaltungsverfahren oft „Stammberechtigter" genannt). A möchte nun seine Familienangehörigen, die sich noch im Ausland befinden, nach Deutschland holen. Die Familie von A muss sich also, wenn sie zusammenleben möchte, in ein Visumverfahren bei der zuständigen deutschen Botschaft begeben. Im Laufe des Verfahrens wird in aller Regel zusätzlich die für A zuständige Ausländerbehörde eingeschaltet und zwecks Zustimmung zum Nachzug angefragt.

Rechtlicher Ausgangspunkt einer Familienzusammenführung sind die Regelungen des § 5 AufenthG (allgemeine Erteilungsvoraussetzungen) und des § 27 AufenthG (Grundsatz des Familiennachzugs). Beide Vorschriften sind stets mitzudenken, wenn über die Möglichkeit einer Familienzusammenführung nachgedacht wird.

Zu klären ist sodann, zu wem nachgezogen werden soll. Der Nachzug ist grundsätzlich möglich:

- zu Deutschen, dann gilt § 28 AufenthG;
- zu Ausländern, dann gilt § 29 AufenthG.

In der Regel hat man es im Zuge der UMF-Betreuung mit dem Nachzug zu Ausländern gemäß § 29 AufenthG zu tun.

Anschließend ist zu überlegen, wer nachziehen möchte. Der Gesetzgeber nennt die folgenden Gruppen von Nachzugsberechtigten:

- Ehegatten (§ 30 AufenthG),
- Kinder (§ 32 AufenthG),

- Eltern (§ 36 Abs. 1 AufenthG),
- sonstige Familienangehörige (§ 36 Abs. 2 AufenthG).

Praxis-Tipp:

Auf diese Weise gelangt man zu einer Normenkette, mittels derer man die Voraussetzungen (und Ausnahmen) der jeweiligen Familienzusammenführung ermitteln kann. Als Formel sähe dies so aus:

§ 5 + § 27 + (§ 28 oder § 29) + (§ 30 oder § 32 oder § 36 I oder § 36 II).

Für die Arbeit mit UMF ist der Elternnachzug gemäß § 36 Abs. 1 AufenthG (dazu sogleich unter 4.2) sowie der Nachzug sonstiger Familienangehöriger (dazu 4.3) von Bedeutung.

Aus der oben gewählten Formulierung „Familienzusammenführung nach Anerkennung als Schutzberechtigter" ergibt sich bereits, dass hierbei ein erfolgreich abgeschlossenes Asylverfahren zwingende Voraussetzung ist. Vorher, also während des laufenden Asylverfahrens, ist eine Familienzusammenführung aus dem Herkunfts- oder einem Transitland nicht möglich (diese Information ist einem UMF, bei dem der Eintritt der Volljährigkeit nicht mehr allzu weit entfernt ist, regelmäßig schwer zu vermitteln, da sie angesichts der noch immer häufig langen Verfahrensdauer bedeutet, dass eine Familienzusammenführung überhaupt nicht möglich sein wird).

Mit dem Asylpaket II (März 2016) hat der Gesetzgeber die Anforderungen außerdem nochmals erheblich verschärft, indem er den Familiennachzug für subsidiär Schutzberechtigte für zwei Jahre ausgesetzt hat. Die entsprechende Regelung in § 104 Abs. 13 AufenthG lautet:

§ 104 Abs. 13 AufenthG:

„Bis zum 16. März 2018 wird ein Familiennachzug zu Personen, denen nach dem 17. März 2016 eine Aufenthaltserlaubnis nach § 25 Absatz 2 Satz 1 zweite Alternative [*Anm.:* subsidiär Schutzberechtigte] erteilt worden ist, nicht gewährt. Für Ausländer, denen nach dem 17. März 2016 eine Aufenthaltserlaubnis nach § 25 Absatz 2 Satz 1 zweite Alternative erteilt wurde, beginnt die Frist des § 29 Absatz 2 Satz 2 Nummer 1 ab dem 16. März 2018 zu laufen. Die §§ 22, 23 bleiben unberührt."

Bis 2018 bedeutet dies, dass Familienzusammenführung nur zu Personen mit einer Flüchtlingsanerkennung stattfinden kann. Die Folge, dass damit der Familiennachzug zu subsidiär schutzberechtigten UMF, die in dieser Zeit volljährig werden, de facto vollständig ausgeschlossen wird, wurde von der Großen Koalition bei der Einführung der Regelung in Kauf genommen. Völker- und verfassungsrechtliche Bedenken gegen diese Regelung wurden vielfach geäußert, führten jedoch nicht zu einem politischen Umdenken.

4.2 Elternnachzug, § 36 Abs. 1 AufenthG

§ 36 Abs. 1 AufenthG regelt, dass den Eltern eines minderjährigen Ausländers, der eine Aufenthaltserlaubnis nach § 23 Abs. 4 AufenthG (Resettlement-Flüchtlinge), § 25 Abs. 1 oder 2 AufenthG (Asylberechtigte, anerkannte Flüchtlinge und subsidiär Schutzberechtigte), eine Niederlassungserlaubnis nach § 26 Abs. 3 AufenthG oder nach Erteilung einer Aufenthaltserlaubnis nach § 25 Abs. 2 Satz 1 2. Alt. AufenthG eine Niederlassungserlaubnis nach § 26 Abs. 4 AufenthG besitzt, abweichend von § 5 Abs. 1 Nr. 1 AufenthG (Lebensunterhaltssicherung) und § 29 Abs. 1 Nr. 2 AufenthG (Wohnraumerfordernis) eine Aufenthaltserlaubnis zu erteilen ist, wenn sich kein personensorgeberechtigter Elternteil im Bundesgebiet aufhält.

Der Wortlaut der Vorschrift ist dabei sehr eindeutig: Eine Aufenthaltserlaubnis *ist* zu erteilen. Es gibt dabei jedoch kein Recht auf *beide* Elternteile. Lebt also bereits *ein* sorgeberechtigter Elternteil in Deutschland mit dem (stammberechtigten) Kind, soll kein Elternnachzug mehr möglich sein.

Wegen einer Entscheidung des Bundesverwaltungsgerichts (BVerwG, 18.04.2013, Az.: 10 C 9.12) muss der Nachzug der Eltern eines UMF abgeschlossen sein, bevor dieser volljährig wird. Oder anders – etwas dramatischer – formuliert: Die Füße der Eltern müssen den Boden eines deutschen Ortes berühren, bevor es Mitternacht wird und der UMF seinen 18. Geburtstag begeht.

Das Bundesverwaltungsgericht war sich offensichtlich darüber bewusst, mit diesem Ausspruch eine sehr harte Entscheidung für die betroffenen Familien getroffen zu haben. Es hat daher in seiner Entscheidung gleich eine Lösungsmöglichkeit für derartige Fälle angeboten: Liegen alle Voraussetzungen zur Erteilung eines Visums vor, haben also die Betroffenen alles getan, damit die Botschaft das

Visum erteilen könnte, sollen – nach der Vorstellung der Richter des Bundesverwaltungsgerichts – die Familien einen Eilantrag bei dem Verwaltungsgericht Berlin stellen (das ist das Gericht, das für Visumverfahren zuständig ist), um so zu ihrem Recht zu kommen.

Beispiel:

L, geboren am 24.05.1998 in Mogadischu, ist 2013 als UMF in Deutschland angekommen. Ihr unverzüglich eingeleitetes Asylverfahren endete mit der Zuerkennung des Flüchtlingsschutzes (Bescheid vom 14.10.2015). Bereits am 29.10.2015 beantragte die Mutter von L (M) bei der Botschaft Nairobi den Nachzug zu ihrer Tochter. Am 12.05.2016 berichtet L, dass die Botschaft sich bisher nur ein einziges Mal gemeldet habe, nämlich am 10.11.2015, um einen DNA-Test zu fordern. Die entsprechenden Speichelproben hätten sie (L) und ihre Mutter unmittelbar anschließend abgegeben. Bezahlt sei der Test ebenfalls. Eine Überprüfung ergibt, dass alle Unterlagen vorliegen.

Hier wäre ein Eilantrag beim VG Berlin denkbar und sinnvoll. Die Betroffenen haben alles dafür getan, dass über ihre Anträge entschieden werden kann. Außerdem bliebe dem Gericht genug Zeit, um über den Eilantrag zu entscheiden.

4.3 Geschwisternachzug

Immer wieder stellen sich auch Fragen nach dem Nachzug von Geschwistern. Dieser ist über § 36 Abs. 2 AufenthG denkbar, wird jedoch von den beteiligten Behörden (Botschaften und Ausländerbehörden) häufig verweigert. Der weite Ermessensspielraum der Behörden ergibt sich bereits aus dem Wortlaut der Vorschrift:

§ 36 Abs. 2 AufenthG

„Sonstigen Familienangehörigen eines Ausländers kann zum Familiennachzug eine Aufenthaltserlaubnis erteilt werden, wenn es zur Vermeidung einer außergewöhnlichen Härte erforderlich ist (...)."

Dass es in Einzelfällen doch zu einem Geschwisternachzug nach § 36 Abs. 2 AufenthG kommt, verdanken die Betroffenen dann meistens engagierten Helfern und einer offen eingestellten Ausländerbehörde.

Möglich erscheint darüber hinaus auch ein gemeinsam mit den Eltern erfolgender Geschwisternachzug über § 32 AufenthG (wegen der sog. „Vorwirkung des Visums"). Allerdings stehen dieser Variante typischerweise ebenfalls hohe praktische Hürden im Weg (Lebensunterhaltssicherung und Wohnraumerfordernis, vgl. hierzu die Mitteilung des Auswärtigen Amtes an alle Auslandsvertretungen vom 20.03.2017).

4.4 Verfahren

Die Familiennachzugsverfahren unterscheiden sich zum Teil erheblich, je nachdem, welche Botschaften und welche Ausländerbehörden beteiligt sind. Eine für alle Verfahren gleichermaßen gültige Darstellung des Verfahrens ist daher derzeit nicht möglich. Zunächst sollte stets geklärt werden, von wo aus und wohin der Nachzug betrieben werden soll.

Hin und wieder bereitet schon die Frage nach der „richtigen" Botschaft Schwierigkeiten. Hier gilt die Grundregel: Um die Zuständigkeit einer bestimmten Botschaft belegen zu können, bedarf es regelmäßig einer Registrierung im Aufgabengebiet der Botschaft – wer also z. B. seinen Nachzugsantrag bei der Botschaft in Khartum stellen möchte und kein sudanesischer Staatsangehöriger ist, muss eine Registrierung im Sudan vorlegen (z. B. eine solche als Flüchtling).

Anschließend, also wenn die zuständige Botschaft ermittelt werden konnte, sollte auf der Homepage der Botschaft nach Merkblättern für den jeweils gewünschten Familiennachzug gesucht werden. Fast alle größeren Vertretungen bieten inzwischen derartige Informationen an.

Können bestimmte, auf den Merkblättern genannte Dokumente (häufig: der Reisepass der nachzugswilligen Person) nicht beschafft werden, sollte zusätzlicher Rat eingeholt werden.

An zahlreichen Botschaften sind die Wartezeiten für einen Vorsprachetermin zur Abgabe des formalen Antrags derzeit sehr lang. Teilweise besteht die Möglichkeit, sich auf eine Warteliste für einen Termin setzen zu lassen. Von dieser Möglichkeit sollte unbedingt Gebrauch gemacht werden.

Haben es die Betroffenen in das formale Antragsverfahren geschafft, warten weitere Hürden auf sie. So werden z. B. inzwischen in einer Vielzahl der Fälle (teure) DNA-Gutachten verlangt.

Durch die in aller Regel weiterhin notwendige Beteiligung der für den Stammberechtigten zuständigen Ausländerbehörde geht zudem weitere Zeit verloren. Führen all diese Verzögerungen dazu, dass der 18. Geburtstag des UMF bald bevorsteht, sollte zu dem oben beschriebenen Mittel eines Eilantrages gegriffen werden.

War das Nachzugsverfahren erfolgreich und sind die Eltern eingereist, sollte Rat bezüglich eines Antrages auf Familienasyl eingeholt werden. Im Einzelfall kann dies ein sinnvolles Mittel zur Aufenthaltssicherung der nachgezogenen Personen sein.

XIII

Literaturhinweise

Bender/Nack/Treuer, Tatsachenfeststellung vor Gericht, 4. Auflage, München 2014

Hofmann (Hrsg.), Ausländerrecht, 2. Aufl., Baden-Baden 2016

Kunkel/Kepert/Pattar (Hrsg.), Sozialgesetzbuch (SGB) VIII. Kinder- und Jugendhilfe. Lehr- und Praxiskommentar, 6. Auflage, Baden-Baden 2016

Marx, AsylG. Kommentar zum Asylgesetz, 9. Auflage, Neuwied 2017

Marx, Aufenthalts-, Asyl- und Flüchtlingsrecht, 6. Auflage, Baden-Baden 2017

Nowotny/Eisenberg/Mohnike, Unbegleitete minderjährige Flüchtlinge: Strittiges Alter – strittige Altersdiagnostik, in: Deutsches Ärzteblatt 2014, S. 786-788

Schmahl, UN-Kinderrechtskonvention: mit Zusatzprotokollen, Baden-Baden 2013

Tiedemann, Flüchtlingsrecht. Die materiellen und verfahrensrechtlichen Grundlagen, Berlin 2015

Wendler/Hoffmann, Technik und Taktik der Befragung, Stuttgart, 2. Auflage, 2015

Stichwortverzeichnis

XIV

XIV

XIV

XIV